HR
十项全能
一本书搞定人力资源管理

宋文艳（Wendy）◎著

浙江工商大学出版社
ZHEJIANG GONGSHANG UNIVERSITY PRESS

杭州

图书在版编目（CIP）数据

HR 十项全能：一本书搞定人力资源管理 / 宋文艳著 . —
杭州：浙江工商大学出版社，2019.5
ISBN 978-7-5178-3130-3

Ⅰ . ① H… Ⅱ . ①宋… Ⅲ . ①人力资源管理 Ⅳ .
① F243

中国版本图书馆 CIP 数据核字 (2019) 第 019164 号

HR 十项全能：一本书搞定人力资源管理
HR SHIXIANGQUANNENG: YIBENSHU GAODING RENLI ZIYUAN GUANLI
宋文艳　著

责任编辑　谭娟娟
封面设计　新艺书文化
责任印刷　包建辉
出版发行　浙江工商大学出版社
　　　　　（杭州市教工路 198 号　邮政编码 310012）
　　　　　（E-mail:zjgsupress@163.com）
　　　　　（网址 :http://www.zjgsupress.com）
电　　话　0571-88904980　88831806（传真）
排　　版　新艺书文化
印　　刷　嘉业印刷（天津）有限公司
开　　本　787mm × 1092mm　1/16
印　　张　18.5
字　　数　240 千
版 印 次　2019 年 5 月第 1 版　2019 年 5 月第 1 次印刷
书　　号　ISBN 978-7-5178-3130-3
定　　价　68.00 元

前　言

　　企业人力资源管理的目标是吸引人、培养人、用好人，挖掘潜力，激发活力。人力资源代表了企业的核心竞争力，这个观点众人皆知，但目前中国的 1100 多万家民营企业却在人力资源管理实践中遇到太多问题，老板、中高管和 HR 常常陷入"人"的问题，一时理不清思绪，力不从心。

　　你的企业究竟管理得如何，可以先用下面几条标准判断一下。

　　1. 员工难招，难管，难留，责任心不强。

　　2. 员工工作效率不高，还天天喊着加工资、加福利。公司经营成本快速持续上升，效率却在不断下降。

　　3. 员工执行力不强，有制度却执行不下去。企业团队的执行力如生锈一般迟钝无力，简单的任务都完成得一团糟。

　　4. 公司管理层存在大量"老好人"，不敢得罪人，老板做坏人，管理层做好人。

5. 员工士气低落，对公司、同事的抱怨情绪多。总有很多负能量在部门之间传递。员工之间协作性低，自己顾自己，没有凝聚力。

6. 员工关系管理出现危机，员工对企业归属感低，员工的主动流失率大。

7. 员工工资越涨越高，福利越来越好，却越来越难管理。公司每年的利润不断下滑。

8. 公司缺乏系统管理，整个公司运转非常忙，非常乱。公司越做越大，老板越做越累。公司没有良好的系统，缺少人才，人才复制慢，导致公司处处起火，老板需要天天救火。

如果你的公司出现了上述情况，就说明公司的人力资源管理体系存在巨大的问题。想改善公司的人力资源管理水平，就需要先了解"人力资源"是什么意思。

"人力资源"一词由当代著名管理学家彼得·德鲁克（Peter F.Drucker）于1954年在《管理的实践》一书中提出。这位管理学大师在书中写道：**所谓企业管理，最终是人力资源管理，人力资源管理就是管理的代名词。**

无论是公司的人力资源工作者，还是创始人、老板、各部门中高级管理人员，都应该学习这门课——人力资源管理。我有幸在20多年前"人力资源管理"这个概念刚刚被外企引入中国时入行，在百事、飞利浦、沃尔玛三家跨国公司做人力资源管理工作，这三家外企都十分重视人力资源管理。我花了12年的时间，一路从HR新手做到HR高管，积累了丰富的一线实战经验。

秉承用自己的经验和能力帮助更多的年轻HR入行、学习和成长，帮助更多的中国民营企业搭建自己的人力资源基础管理体系的信念，我毅然从外企辞职创业，以此作为人生的使命，至今已有 12 年了。其间，我一直聚焦在人力资源管理培训和咨询模块，服务对象全部是处于创业期和成长期的民营企业。我也常常接受企业邀请，进入企业给老板、中高管、HR 讲人力资源管理方面的内训课程。

我写书的初心，就是想对自己从入行到精通、从 HR 新手到 HR 经理，以及从事人力资源培训教学和咨询的 12 年的学习成长过程及其中遇到的问题进行总结，并对一些好的经验进行分享，将其传承给 HR、创业者、老板、管理者，帮助大家在人力资源管理专业上成长得更快、更稳。

这对我来说算是一个神圣的人生使命。12 年前我选择创业时，就有了写这本书的规划。今天，我做到了！我 24 年的企业人力资源管理实践都汇聚在这本书里，内容均源于我自己学习、思考还有实践的总结，绝对干货！

我将自己的观点和经验毫无保留地呈现在这本书里，希望读者能看到我真诚的内心。

我的文笔不一定优美，用词不一定讲究，但它的确是一本好书，一本有用的、真心诚意的书！只有被验证过的成功经验才真正有价值，经过时间检验的实用方法和工具都在这里面。我尽力了，希望能帮到大家。

本书针对的人群：

1. 民营企业老板（你要做公司最大的人力资源总监）；

2. 民营企业各部门中高管（不懂"人力资源管理"，你真的做不好职业经理人）；

3. 民营企业 HR（精修你的专业，才能为自己争得地位和认可）；

4. 刚创业或想创业的人（人力资源管理是创业者的一门必修课，要早学）；

5. 所有想提升个人领导力水平的人。

本书特色：

1. 定位鲜明：分享实用有效的世界 500 强企业人力资源管理实践经验，为中国创业期和成长期的民营企业，为创业者，企业老板、中高管和 HR 提供切实可行的帮助和建议。

2. "体系化＋职业化"：把规范的外资企业人力资源十大模块的理念、程序、工具、方法和模板整理总结，并专门进行提炼，为中国民企提供如何经营企业、如何制作模块、如何服务对象的指导和帮助。

3. "纸质书" + "在线课程" + "模板工具箱" + "行业人力资源导师团" + "社群抱团学习"，五合一的移动互联网时代线上线下学习，完美结合，与时俱进。

干货、落地、有效、精简、真诚，一个人文字的风格就是他灵魂的模样。本书实战能力和可操作性强，读完就能懂，拿来就能用。书中既有具体工作方法介绍，又有整体方案设计和配套落实表格工具，可以帮助民企在 90 天内成功建立起自己的人力资源基础管理体系。

宋文艳（Wendy Song）

2018 年 5 月于武汉

目 录

第二篇

磨刀不误砍柴工——企业管理者的人力资源管理知识与技能提升

第三篇

手把手干货落地——企业如何在 90 天内建立一套人力资源基础管理体系

| 第六章 |
企业文化如何建立与落地

| 第七章 |
从公司战略角度制定人力资源规划

| 第八章 |
轻松制定民企必备规章制度

第一篇

拆掉思维的墙——老板才是公司
最重要的人力资源总监

第 一 章

人力资源管理为什么让大多数人焦头烂额

先抛出我的观点：老板，你就是公司最大的人力资源总监。一个公司掌门人的经营观和人才观，决定了这个公司的未来。

先举两个例子。

一个例子是小米科技的 CEO 雷军。找人，几乎是所有创业公司都会遇到的难题。特别是早期的核心人才，更需要创始人下大力气寻找。对此，小米科技的 CEO 雷军认为，创业者至少需要先解决下面这两个问题：

- 人才在何处？
- 如何说服其加入？

雷军因上市公司金山董事长和小米创始人的身份而为人熟知，他在小米初创期找到 7 个"极强"合伙人的故事一度被传为佳话。根据新闻报道，雷军在总结自己的招人经验时说："如果招不到人才，只是因为你投入的精力不够多。我每天都要花费一半以上的时间用来招募人才，前一百名入职的员工都是我亲自见面并沟通的。"对此，他还有一个切身体会："不少创业者抱怨招不到人。其实，无论什么样的企业，找优秀的人都很困难。解决这个问题只有两种办法：第一种，花足够的时间找人，至少 70%；第二种，把现有的产品和业务做好，展示未来的发展空间和机会，筑巢引凤！"

对此，雷军总结并分享了他找人的两个要素：专业与合适。

首先，要最专业。小米的合伙人都是各管一块，这样能保证做决策非常快。我要放心把业务交给你，你要能实打实做出成绩来。

其次，要最合适。主要是指要有创业心态，对所做的事要极度喜欢，有共同的愿景，这样就会有很强的驱动力。

另一个例子来源于京东的创始人刘强东。我最近刚看完吴晓波对刘强东的访谈，感触很深。毫不夸张地说，一个企业掌门人的经营观和人才观，决定了一个企业的未来。《创京东：刘强东亲述创业之路》这本书，详细讲述了刘强东的经营观和人才观。刘强东的经营观在于他具备独到的战略眼光，比如自建物流。他的人才观则体现在他毫不避讳钱的作用。

很多企业领导，总喜欢对员工讲梦想、讲情怀、讲平台、讲学习、讲积累，这虽然没有大错，但不是最好的激励方法。原因就在于他们忽视了或者说有意回避了所有人最基本的需求，也就是马斯洛需求层次理论的第一个层次——生存、物质的需求。一个只能开到 3000 元工资的岗位，大概率是招不到优秀人才的；一个不愿意给绩效考核达 90 分的优秀员工加薪的企业，也是铁定留不住人才的。

或许是普通农村家庭出身的缘故，刘强东深知钱对一个人的感化和激励作用。从融到第一笔资金开始，他在人才上的花费就毫不吝啬，动辄发几万、几十万元的奖金给任务完成得出色的员工。可以说这种激励措施最为简单粗暴，但是不得不承认它在京东发展过程中起到了举足轻重的作用。梦想是要谈的，情怀是要谈的，平台、学习、积累都要谈，但钱更要谈，而且要先谈。

"刘强东宣布，为在京东工作 5 年以上的老员工提供医药费报销服务，医保以外的费用京东也会负担。"当微博上有京东员工爆出医疗费报销政策后，网友们纷纷表示羡慕，并在底下留言道：

> "没事给村里老人发点钱，没事给母校捐个助学基金，现在还要带员工看个病，改天心血来潮婚礼也承包了。这样的老板给我来一打。"

"刘强东！！！我警告你，你再放这样的狠话，我就要来京东送快递了！"

据新闻报道，有一年，刘强东在参观完京东宿迁呼叫中心新建的员工宿舍后，发火道："刚才我去参观了员工宿舍，想打人。现在一个宿舍竟然要住4到6个人，这让我想到20世纪80年代南方那些黑心工厂。我说过多少次了，要让员工们活得有尊严。"刘强东当场提出，京东的员工宿舍，每间最多只能住2个人。工作满3年的员工，每人单独一个房间。全国的京东员工，以后都要按这个标准来安排。

在住房方面，凡是在京东工作满5年的员工，绝大部分都在老家的县城买得起房子。如果不想在老家买房子，将来也可以以成本价购买公司统一建的房子。

在儿童教育方面，京东甚至为员工开了一家幼儿园，凡是京东员工的宝宝，0~3岁的都可以送到这个内部的幼儿园，不仅学费全免，生活费和用品费也都免去！

据了解，京东员工的好福利已不是第一次为外界所知，刘强东做的这些看似"挥金如土"的安排，其实是他的价值观折射在京东企业文化上的完美体现，这也塑造、完善了京东的管理理念。很多人都听说过，刘强东曾给自己定了一个考核目标——关注京东人。他说："我希望看到有更多的京东宝宝出生、成长，并享受良好的教育；希望看到京东人的父母在生活质量上得到极大改善；希望看到京东人的工作满意度不断提升。"

一个企业家为什么给自己定的考核目标是关注京东人，满足员工的快乐和幸福呢？刘强东有他自己的判断。几年前，他就说过这样的话："我们的员工都应该快乐地去服务，开心地去工作。如果员工不开心，他就不会很好地为客户提供服务；如果给客户服务做得不好，不能给顾客真正创造出更多价值，那么他也不能为社会和股东创造价值。"

这与管理大师彼得·德鲁克的观点不谋而合。德鲁克认为，组织成员是具有完整人格的人，而非机器上的零件。"你雇佣的不是一个人的手，而是整个人"，所以必须尊重人、关心人。他认为，对员工的潜力抱有宽厚的态度，并用蕴含着人性的温暖去培养人，是管理者必备的品德。

刘强东对内管理的核心是"以人为本"，对员工给予充分尊重和关怀。很少有企业家能把目光聚焦到最基层的员工，去了解他们的生活和需求。

事实证明，这种管理理念是成功的。近几年，京东一直保持着几倍于行业平均的增速，飞跃发展。与此同时，京东的管理也换来了员工对企业的感恩。

京东另一个鲜明的企业文化是执行力。根据《创京东》这本书可知，刘强东做事雷厉风行、说一不二，执行力特别强。但京东单靠他一人，是不可能走到今天的，尤其是在业务不断发展、人员不断增加的情况下。截至 2018 年，京东员工已经达到 16 万人。16 万人的团队，仅靠一个带头人的执行力，是不可能推动起来的。

拥有 16 万人规模的企业，企业家根本不可能每件事情，甚至每块业务都亲力亲为。这时候就要看团队的表现。京东团队的核心竞争力就是超强的执行力，这已经作为京东企业文化的 DNA，深刻烙印于每个京东人心中。

京东之所以在身形庞大之后，依然能保持快速发展，靠的就是团队超强的执行效力。而成功企业的伟大就在于，它敢做大多数企业不去做、不想做、不愿做的事情，因为它看得长远，所以不会只做一锤子买卖。它会尽可能服务好每一位消费者，将其发展成忠实用户。忠实用户不仅会反复消费，还会形成口碑传播。这样的结局，一定是企业和消费者的双赢。所以刘强东才能有底气说出下面的话："只要做的事情有价值，盈利一定不是问题。"

也源于此，刘强东对这些文化价值观相当坚持，"作为初创公司，如京东这样的公司，一定是我的文化就是企业的文化，不可改""有人说企业文化要改，我说我退休之后可以改，只要我不退休，就改不了，改了也是'装'"。

上述 2 个已经成功的企业案例，说明企业老板在创业初期，重点做的都是类似于招聘面试、建立企业文化等人力资源管理的工作。所以我的观点就是：

老板，你就是公司最大的人力资源总监。

作为一个创业者、公司的 CEO，在企业建立初期有两件最重要的事。第一件事是对企业文化的塑造。很多学术文章都反对老板文化，其实这种观点是不对的。企业的文化就是创始人的文化，老板的一言一行、一举一动都会影响企业文化的塑造。第二件事是老板要选对人、培养人、激励人、用好人。

| 老板的困惑：为什么我的企业人力资源管理不善 |

改革开放四十多年来，我国的民营企业得到了前所未有的发展，在国民经济中有了不可替代的位置和作用。民营企业作为拉动中国经济增长的重要力量，是中国经济的重要组成部分，为扩大就业、改善民生做出了贡献。但是，人们也应该清醒地认识到，民营企业目前正面临着人力资源管理的困境。人力资源是企业最宝贵的资源，却被很多民营企业家所忽视。我国民营企业人力资源管理混乱，问题颇多，不仅增加了企业的管理成本，而且严重阻碍了企业的未来发展。比如民营企业家的思想局限，组织机构设置不合理，员工流动性过大，家族式管理弊端，人力资源管理体系缺失，等等，都成为民营企业发展壮大的阻碍，也使民营企业各级人员出现了各种疑问和困惑，亟待解决。

CEO 的困惑：

• 如何招到优秀的人才？如何留住人才？

• 费尽心思制定的战略为何得不到有效执行？

• 现有的人员结构如何与企业战略发展目标相匹配？

• 如何建立良好的企业文化，并实现恰当的员工关怀和有效的激励？

HR 的困惑：

• 人力资源部门的工作非常繁忙，但为什么总是费力不讨好？

• 如何引导并推动企业全员支持、参与人力资源管理工作？

• 怎样将企业的各项人力资源政策有效贯彻下去？

• 如何制定和企业战略相匹配的人力资源战略，并构建核心竞争力？

部门经理的困惑：

• 如何让人力资源部门协助招聘并培养部门真正需要的人才？

• 怎样留住部门的核心优秀员工？

• 怎样建设团队，提升团队士气？

员工的困惑：

• 怎样迅速了解清楚公司和部门上级对我工作的要求和期望？

• 如何知道自己未来的发展方向并成功实现梦想？

• 怎样及时获知公司重要的内部信息及培训等信息？

• 企业是否有良好的沟通渠道让我充分表达自己的期望与要求？

对于上述问题产生的原因，我在教材理论的基础上试做分析，希望能给民营企业的老板带来一些有益的思考。

第一，民营企业老板缺乏人力资源管理的意识。

人力资源是企业最宝贵的资源之一，对人力资源的有效利用能够充分激活企业其他的物化资源，从而实现企业的发展目标。小托马斯·沃森的话形象地说明了人力资源的重要性："你可以搬走我的机器，烧毁我的厂房，但只要留下我的员工，我就可以有再生的机会。"由此可见，人力资源是保证企业最终目标得以实现最重要的、最有价值的资源。目前，国内相当一部分民营企业老板将主要精力投入到技术开发、市场营销等方面，忽视了人力资源管理的重要性，将员工视为公司的巨大成本，忽视员工为公司创造的利润，在思想上缺乏科学的、先进的人力资源管理的意识。

第二，绝大多数民营企业的老板、高管格局不够大。

什么是人的格局？即人在不同的规模、人群、空间、时间等维度下，定义目标的坐标、权衡利弊的角度、配置资源的优先级等内容，简单来说，人的格局就是人能站得多高、看得多远。

一个人的格局取决于你的人生目标、拥有资源和所处地位。比如：在职场中，部门负责人在管理时经常狐假虎威，放着公司的规章制度不顾，只按自己的喜好办事；公司的老板眼里只有赚钱，想着各种方法克扣剥削员工，自己赚个盆满钵满，却连员工的"五险"都不愿意缴纳。这些都是极其错误的做法，也说明管理者的格局太小，终有一天，他们会被社会淘汰。

一个人的格局可以体现在各个不同的方面，比如眼光。对事物的普遍认知，包括对事物的分析、预判和归纳，都可以显示出一个人的眼光和水平。这里说的眼光是指在某一时刻对某一领域趋势准确预测的能力，主要体现为以下 3 个方面。

首先，能看到别人没注意的东西，并能透过表象看到事物发展的本质；其次，对事物的评判有自己的一套标准，并能够极为准确地根据现在的情况对未来进行预测；最后，知道以上道理之后，能够督促自己做到这些，并且最终取得成功。

除了眼光，还有几点也能体现出老板的格局。一个人是否能从一般事物中归纳总结出一定的规律，并很好地运用规律，是这个人是否具有智慧的最好体现；一个人是否只想着自己，还是心中存有他人、社会，是这个人是否具有爱人之心的最好体现；一个人有没有容人之量，包括被诋毁、被误解后的态度，是这个人是否具有气度、修养的最好体现；一个人是否贪图小恩小惠，不被一些拙劣的演技忽悠，是这个人是否具有见识的最好体现；一个人是否敢于冷静地研判，大胆地出击，是这个人是否具有魄力的最好体现。

对于民营企业的老板和高管来说，眼光、智慧、爱心、修养、见识、魄力，这些都要花一生的时间来修炼。大家可以通过广泛阅读高质量的书籍，思考与写作，结交大格局的人，出门旅行看世界等途径来扩大自己的格局。

第三，民营企业缺乏科学的人力资源管理体系。

目前很多民营企业的人力资源部门功能定位不清、设置不科学、分工不明确，企业吸纳人才乏力，对员工使用不当，育人环境也不利，最终致使人员不断流失。正因为中国绝大多数民营企业缺乏科学的人力资源战略体系，从基本的人力资源规划到员工的培训开发、绩效管理、薪酬管理等，都存在不少的问题，所以企业只能采用被动的招聘方式，离职一个就再招聘一个，毫无计划性可言，更谈不上战略性，还存在人才断层的危险。员工的技能开发尚少，安排培训的随意性较大，因此员工普遍缺乏提升自己的机会。

绩效考核方案、薪酬制度的缺失或者形式主义，导致企业内部员工的工作缺乏科学的考核标准，干好干坏一个样，干多干少一个样，存在严重的平均主义，奖金发放也十分随意……这些都会挫伤员工的积极性和创造性，使员工流失严重，影响公司的后续发展。

家族式管理弊端凸显，元老、家族成员与新员工的冲突不断是我国民营企业普遍存在的现象。在本书的后半部分，我将手把手地教大家如何建立和落地执行自己企业的人才管理体系。

第四，公司的 HR、中高管，甚至老板，职业化素养、职业化技能、领导力素质都不够高。

职业化包括做事规范、职业素养、专业技能等。每一家企业都担负着把大学生从学生转换为"职场人"的任务。培养和提高员工的职业化素养和职业化技能，是企业必做的工作，不做就要付出更多的成本代价。基层员工晋升到管理层，除了需要具备职业化技能，参加领导力素质和技能的培训课程也是必要的，这有助于他们提高自身的水平，进而提高整个公司的水准。

| HR 的困惑：老板为什么总是不满意我的工作 |

HR 的地位，来自于其为公司经营业务创造的价值。截至目前，已经有超过 18000 名民企 HR 在我这里学习人力资源相关的理论和实操课程。我听到学员抱怨最多的就是：为什么我加班加点、兢兢业业、任劳任怨地工作，各项工作计划也都能完成，老板还是不满意我的工作？为什么我的年度评估分数特别低？

原因很简单——HR 的工作没有达到老板的期望。

我发现在民企人力资源管理工作中，会出现非常多的困难和挑战，究其原因，其实是企业老板和 HR 站在不同角度，对人力资源管理的期望和看法截然不同。

老板对 HR 的期望是什么呢？

我以前任职公司的中国区总裁，他的目标是完成董事会下达的年度销售收入和利润指标。每年初他从董事会领回当年度指标，分解给中国的 7 个大区，大区经理再下发给各省，各省经理再分解到各城市，城市经理再分解到各销售片区。于是，生产、销售、采购、售后都非常容易设定自己的 KPI 考核指标，总经办、人力资源部、行政部、财务部等后勤支持部门的主要工作就是配合、支持销售一线完成销售收入和利润指标。总裁对我们说，你们就是协助我去管理各个部门，协助各个部门达成分解目标的，这就是我对人力资源部门的期望。

另一方面，HR 主动把人力资源工作分成了六大模块，各个模块都有对应的一套工作标准，好处是便于分工及工作的管理。但仔细想想，各个模块中的工作是不是少了点什么？——"魂"。HR 只是想着如何把工作做得更好，但未必考虑过做这些工作到底是"为了什么"，未认清人力资源管理对于企业的真正意义。

比如绩效考核。也许企业制订的绩效考核从规范性来讲无可挑剔，指标设置也很少有争议，但是其会对员工士气带来什么样的影响，HR 认真考虑过吗？有时候，在大环境下，许多部门的 KPI 指标可能都达不到预期，以致员工收入普降、士气下滑，这与绩效考核的目的完全背道而驰，这样照本宣科制定出来的绩效考核完全是失败的，是没有"魂"的。

我曾经待过的 3 家外企，老板对 HR 的工作目标出奇地一致。人力资源部门的目标只有一个，就是"企业文化和团队建设"，即通过 HR 专业的知识、技能、管理工具，打造一支能够承载公司战略的团队，然后帮助这个团队完成公司全年的目标。具体会从两个方面执行：一个是团队建设——为团队提供合适数量、质量的员工，确保他们是具备执行战略能力的人力资源；另一个是激励员工——提升团队的士气，充分调动员工的主观能动性，发挥团队最大的潜力，使员工队伍致力于协同完成企业战略目标。

人力资源管理中的"魂"，即企业人力资源部门的目标，也是真正对企业产生价值的工作方向。HR的所有工作都需要围绕这一个目标和两个方面来开展，而不是埋头醉心于自己的六大模块专业，忽视目标，本末倒置。我记得在外企时，老板要求HR每周至少有一天要离开自己的办公室，走到部门和员工中，跟他们一起工作，沟通交流。HR的工作，是协助各部门、整个公司达成目标，在做人力资源方案时，多到其他部门走走，征求他们的意见，做出来的人力资源方案才算真正有了"魂"。

我在外企工作时，负责员工从招聘入职到离职的全过程管理，工作重点就是绞尽脑汁地想各种各样的方法，让这些年轻人爱上公司、爱上工作，每天既能工作得开开心心，又能有学习和成长的机会。

所以，每一个在职的HR同行，该拆掉思维中的墙了。不仅要打破传统单一的六大模块的工作分工，更要让人力资源部门从职能式的部门向功能导向的业务单元转变，这样HR的工作才会有比较大的突破和进展。

部门经理的困惑：为什么每次为公司救火的人都是我

员工管理是企业人力资源管理中最困难、最复杂的环节。怎样用好人——这一企业最昂贵的资源永远是中高层管理者面临的最大挑战。我以前没升职时，只需要做一名优秀的员工，完成自己的本职工作即可，因此还算游刃有余。可被老板看上并委以重任后，却陷入一堆麻烦的人事中，天天救火，搞得自己身心俱疲。

很多管理者都属于"半路出家"，专业能力强但管理能力稍弱，加上企业忙于生存和发展，对管理者的训练和培养不到位，管理者在被繁杂的事务包围，遇到压力、矛盾后，缺乏清晰思路和正确认知，也没有有效的工具和方法，结果往往事倍功半、劳而无功。有些管理者在管理岗位做了多年，对管理的认识还停留在本能和经验层面，缺乏梳理，缺乏认知和方法的更新升级。这些管理者因为思维的局限和知识的不足，造成部门的人才管理混乱，继而使公司遭受人才流失的恶果。

每一位新任经理、部门经理都要知道自己的角色和职责是什么，如何在事务、人员和团队的管理及自我管理之间建立逻辑关联的系统思维，通过案例分析、逻辑梳理、方法分享和问题互动研讨，掌握管理的基本方法和工具，提高有效解决问题的管理技能。

人力资源管理是所有管理者都应承担的职责，因为组织中所有事物都是由人完成的，管理者的本质就是管理人，因此，所有管理者都是人力资源的管理者，直线经理是重要的人力资源管理人员。如果没有他们，很多人力资源管理政策和实际都是脱节的。

比如，在招聘方面，一家公司在飞速发展的过程中，完成了员工数量从几十人到几百人、几千人甚至几万人的增长，依靠的就是每一层经理的招聘面试和长期选拔，人力资源部门则在其中负责培训、指导、支持和协同工作。又比如，在绩效管理方面，人力资源部门需要设计出最适合公司的绩效管理制度和考核体系，再由业务部门的每一位主管、经理在年初时坐下来与下属一对一梳理岗位说明书，设定全年 KPI 指标。在评价一个人时，提高评价可信度只有一个办法，让最了解他的人去评价，而直线经理便是这个最了解员工的人。包括年中的绩效中期评估、年底的年度绩效考核面谈，都只有部门直线经理才能担当此任。

为企业创造价值、推动企业业务目标的实现，是企业人力资源管理最为关键的价值所在，也是未来人力资源管理发展的方向。真正的人力资源转型，将会进一步强化部门管理者在培育组织能力和打造人才队伍方面的责任。

当然，这需要直线经理与企业人力资源部门建立紧密的合作，取得人力资源部门专业人员的技术支持、指导和方向指引，一起完成部门人才配置、领导力提升和组织能力提升工作，共同打造组织软能力，提高企业竞争力。人力资源部门是各部门最亲密的战略合作伙伴和业务合作伙伴。若非如此，人力资源部门便失去了其存在的意义。

第二章

不谈愿景使命，靠人格魅力只是空谈

没有人才，你凭什么做大做强

前几年，我带团队做帮一些民营企业建设人力资源基础体系的咨询项目。在做咨询项目前，要先到企业进行为期一个月的调研访谈。有一家公司有 300 名员工，市场占有率 40%，员工流失率却高达 35%。公司的业务发展迅速，老板很想向全国扩张。可从表面上看，公司人才流动率大，优秀人才没有储备，外地市场虽然可以开拓，却无人可派。公司人力资源部门有 2 名员工，虽然能力较弱，可每天也是忙得不行，基本上是"天天在招聘，隔周办离职"的状态。

下面是我们团队对该企业的调研报告中的一页，看看是不是感觉在说你们公司的情况？

第一层问题：管理层和老板的思维局限。

• 要求和强调员工的忠诚度，却对员工的培养与发展不闻不问。

• 只考虑人力成本的控制，忽略了高潜质人才可以创造的价值。

• 习惯性地关注外部客户的需求，忽略了内部优秀员工的核心需求。

• 管理思维方式滞后，不能适应"90 后""95 后"等新生代员工的工作和生活方式。

第二层问题：公司现在的人力资源团队专业水平不达标。

• 单方面完成招聘的工作和任务，对招聘的品质结果不承担责任。

• 单方面参照书本的"胜任模型"，不清楚企业现在的实际人才标准。

• 被动执行老板的命令，没有提前规划好人力资源。

• 人力资源经理不具备对人的敏感性以及影响说服他人的能力。

第三层问题：中、高管缺乏领导力，管理水平不足。

• 只对个人的业绩和考核负责，对人才的培养和保留置之不理；往往将人才流失的原因归咎于人力资源部门。

• 由基层提拔的明星对人才的管理知识知之甚少，其做管理层后，不具备激励和辅导下属的能力。

• 部门经理的"山头主义"思想严重，对新人的进入采取排斥态度。

• 用人单位急功近利，粗放式管理，对全体员工缺乏系统的专业技能和素养的培训。

结论：

员工因为企业而加入，很有可能因直接上司而离开！一粒优秀的种子，需要一块适合的土壤；一个优秀的人才，需要一个健康的组织。企业内部管理水平的高低，将直接决定其招聘人才最终的存活率！

所以，没有人才，你什么也干不了！

"没人才，招不来，招来了又留不住"，这是初创企业和成长期的中小民营企业在人力资源管理上最大的问题。企业表面上缺的是人才，实际缺的是一套引进和管理人才的机制。

很多民营企业老板信奉的是"咱兄弟俩一起干，我不会亏待你的"

的招人理念，在人才引进方面更多靠自己的人格魅力和格局，谈的都是关系或感情，不谈愿景使命、目标、考核等内容。一旦人才进入企业，老板觉得人才没有给企业带来改变，人才也觉得企业没有兑现"不会亏待"的承诺，双方都发现现实没有当初想象的那样美丽，导致人才高兴而来，反目而去。

|吸引优秀人才的七大攻略|

那么，民营企业应该如何引进人才？什么才是正确的人才引进机制呢？其实要想把人才引进的机制做好，首先要知道人才在选企业时会关注企业哪些方面，然后针对这些内容进行满足。根据教材及我总结出的经验，优秀人才最关注以下7个方面的内容：

- **企业的愿景，企业的未来规划和发展目标（发展就意味着机会）**。对于优秀的人才来说，一个没有愿景的企业没有任何吸引力，因为他们需要的是一个宽广的发展平台。
- **清晰的岗位职责**。进入企业后具体做什么工作，责、权、利分别是什么。
- **绩效考核**。工作的要求是什么，绩效考核没有做或做得不公平，企业就会出现不干活的人比干活的人多的情况，优秀的人才就不愿意来了。
- **薪酬分配情况**。能不能提供有市场竞争力的薪资福利（薪酬市场调查），发工资有没有科学的依据和标准（岗位评价）。注意不能大锅饭，不能养懒人，薪酬设置需要对员工有激励性和驱动力。
- **职业生涯规划**。企业为员工设计职业生涯规划方案，指明未来的出路，比如做到什么标准可以晋升。

- **学习和培训**。员工进入企业时如果能力不足，企业是否会配有针对性的辅导或培训，能否让员工通过培训得到真正的成长。
- **良好的工作氛围**。企业内是和谐的人际关系氛围，还是人浮于事、钩心斗角，这点也很重要。

如果企业能对以上 7 个方面的内容有清晰的标准，优秀的人才一看，就知道企业未来的发展规划和自己是否一致，来了就知道自己应该做什么、做到什么程度、能赚多少钱，清楚自己能力不够时企业还有培训可以作为后续支持，自然就会放心到这家企业来工作了。

第三章

老板才是企业中最重要的人力资源管理者

向世界 500 强学习科学的选、用、育、留的人才管理理念

先给各位老板和 HR 做一点人力资源基础知识的普及。人力资源管理的六大职能模块分别是：

- 人力资源战略与规划：企业文化、组织变革、人力资源规划。
- 招聘与配置：职位分析、招聘、录用与解聘。
- 员工培训与发展：员工培训、职业生涯管理。
- 薪酬管理：薪资计算、薪酬管理。
- 绩效管理。
- 劳动关系管理：劳动法规、职业安全和健康、员工关系管理。

在后面的内容里，我将从这传统的六大职能模块内容延展到日常工作中更细的十大工作模块内容。这 10 个部分内容的顺序，是我根据多年的人力资源一线实践和培训咨询经验排列的，代表了初创期和成长期的民营企业在建立人力资源体系时所需的全部步骤。

我大学毕业后，在 3 家很规范的外企做人力资源管理工作，分别是百事 2 年、飞利浦 7 年、沃尔玛 3 年。在这 12 年里，我从 HR 文员、HR 主管，一路做到大区 HR 经理，成为中国第一批外企人力资源经理（human resource manager，HRM）之一。

这 3 家外企中，飞利浦是荷兰的品牌，1891 年创立，至今已经有

120多年的历史。

沃尔玛创立于1962年，距今已经有50多年的历史了，已连续5年在美国《财富》杂志评选的世界500强企业中居首位。

与中国民营企业存活率平均只有2.9年的时间相比，这2家肯定算得上是伟大的公司。我是其中一员，而且身处人力资源岗位，让我比其他员工对公司有了更深的了解和感情。

我也想从这一点来谈谈"员工的工作幸福感"这个话题。对于这12年的工作体会，我可以用3个字来形容，那就是"幸福感"。即使我已经离职12年了，但是一回想起这段工作经历，我还是觉得很幸福。民营企业CEO要向世界500强学习科学的选、用、育、留的人才管理理念和价值观，从这一点你也能看出一些端倪。

你的员工幸福吗？

员工的工作幸福感指的是个人在工作当中拥有的一种积极的心理体验，是一种自我的主观感受，是企业员工对自身价值的认同。

员工幸福感是近年来社会学家和心理学家研究的重要内容之一。

员工幸福感现状分析：

一家咨询公司针对企业内员工的心理健康调查报告显示，在大多数国内企业中，有45%的员工面临巨大的压力，有25%的员工在工作中没有活力，有9%的员工非常不满意现在的工作状态，有3%的企业员工存在比较高的精神抑郁方面的倾向。上面的调查可以说明，在中国，企业员工存在缺失幸福感的问题，这反映了企业管理和企业文化建设当中存在一定的问题。

员工工作幸福感的重要性：

从短期来看，提升员工工作幸福指数可能增加企业投资成本，但从长远来看，提升员工工作幸福指数，其实是在为组织的高绩效埋单。同时，建设和谐企业，形成良好的企业文化的前提就是提升员工工作幸福感。提升员工的工作幸福感在一定程度上还可以提高企业的整体素质，增强企业的凝聚力，树立更好的企业形象，吸引更多高素质人才加入。

企业怎么做才能提高员工的工作幸福感？

第一，建立真正"以人为本"的企业文化。

什么叫"以人为本"？就是让员工觉得自己受到了尊重。如果上级每天都对员工指手画脚、毫不客气，员工将很难产生被尊重感。企业需要让员工觉得自己被信任、被授权、被关怀，这样的企业才能吸引人、留住人。

所以，企业要打造自己的企业文化。如果一个企业的企业文化给员工的感觉是上级领导、老板都尊重我，关心我的个人成长，在乎我的情绪状态，信任我并且授权给我重要的工作，那么就算是非常成功的、以人为本的企业文化，会让员工的工作幸福指数直线上升。

企业文化是公司的灵魂。公司上下拥有共同的发展理念、追求愿景、团队精神、价值取向，才能志同道合，共同为企业的未来奋斗。加强对员工的感召力，通过愿景激励、文化熏陶使之成为员工精神动力的来源，可以极大地激发员工的主动性和创造性。

第二，营造和谐的人际关系和良好的工作氛围。

企业氛围与人们的主观感受联系紧密，每个人都是社会动物，幸福感常常和人所处的环境氛围、与他人的关系有关。在友好、信任的工作氛围和人际关系中工作，员工的工作积极性高，工作效率随之提高，工作幸福感也因此提升。反之，不好的人际关系、糟糕的企业氛围会影响员工的工作心情，使其很难投入工作，影响工作效率和成果，进而降低幸福感，形成恶性循环。

开放、高效的组织沟通显得极其重要。什么样的组织沟通对于员工的工作满意度和职场幸福感是有帮助的呢？一个是组织有非常公开的沟通文化，就是我不用躲着、掖着，可以把我的心里话当面说出来。另外一个就是高效的沟通，信息的交流很顺畅，不会有人觉得很多事情搞不清楚。

所以是否开放公开和高效沟通，对于员工工作得开心、满意与否有很大的影响。外企在员工入职 3 个月内，必上一门有关沟通技巧的培训课程，HR 也建立了无数个沟通的渠道。简单的人际关系，可以让员工在公司上班时心情愉快，工作效率自然就会不断提高了。

第三，做好全面的、基础的人力资源管理体系建设与落地。

本书后面的内容里，我将手把手教各位民企老板和 HR，如何逐步建立最为基础的人力资源管理体系。简单来说，先在 90 天内把体系搭建起来，再花一年左右的时间夯实基础。一两年后，公司的管理水平就会上一个新的台阶。

第四，提供合理的、略高于平均数的薪酬和福利，制定公平公正的薪酬与绩效管理体系。

员工工作的目的都是先养家糊口，再提高生活品质，因此企业要给员工提供合理的、略高于平均水平的薪酬和福利。外企每年都会做市场薪资调查、同行业竞争对手的薪酬福利调查，每年底绩效考核工作结束后，都会有对应的升职和调薪政策。我在外企时，绩效考核分在"良好"这一档之上的员工，工资都有 3%~15% 的涨幅。

升迁是公平的，调薪是公平的，绩效考核也是公平的，这些比员工具体拿到多少钱还重要。因为这是一家充分体现公平性的公司，所以员工会更有工作幸福感。

员工的工作幸福感基于对物质基础的满意度，当企业的薪资报酬不能满足员工需求的时候，员工的幸福感便会下降，消极的现象就会在工作中出现；反之，企业满足了员工的价值需求，员工的工作幸福感就会随之提升，进而提高工作效率。这样来说，薪酬影响了员工的情绪、工作积极性和个人潜能的发掘。如何制订公正的薪酬与绩效管理体系在后面讲到绩效管理时再做展开。

第五，打造舒适的工作环境。

在一个杂乱的工作环境里，员工容易产生厌烦情绪，这时员工的工作幸福感就会下降。因此，提供舒适的工作环境，有助于员工产生工作意愿，工作效率也会提高，从而提高企业整体的绩效水平。外企的 HR 通常都会强调办公室的整洁，鼓励每一个员工都把桌面物品摆放整齐，把文件做好分类。HR 要记得随时检查，坚持 2 个月以后，员工就会养成习惯。

第六，提供学习、成长机会和职业发展空间。

外企一直相当注重员工培训与职业生涯规划，会提供如新员工入职培训、沟通技巧培训、英语培训、计算机办公软件培训、职业化素养与职业化技能培训、高效能人士的七个习惯培训等一系列培训。员工晋升之后，还有领导力提升培训、非人力资源经理的人力资源培训、非财务经理的财务管理培训、生涯教练型领导力培训等。

员工持久的、最大的工作幸福感来自自身价值的实现。公司要通过培训和培养不断激发员工的潜能，并创造条件、搭建平台，让员工在实践历练中迅速成长，加快成才，充分体现其个人价值，并让员工看到清晰的未来。

每个员工都在追求完善自己，发挥自己的潜能。员工自身的背景以及环境的变化都会导致当前工作不适合自己发展的情况，企业的管理者应该注意到这个问题，寻求合适的岗位，进行适当的调整，满足员工自我发展的需要，使其有成就感，增加幸福感。

第七，重视工作和生活的平衡。

这个时代已经不同，"工作狂""疯狂加班"已经不是主流。工作只是生活的一部分，而不是人生的全部。尤其对"90后""95后"等年轻员工而言，其情绪生产力往往与工作生活是否平衡相关。所以，如果一个公司强调工作与生活的平衡，并关注员工是不是达到这种平衡，就会比较容易让员工有工作幸福感。

下面是我在外企工作时的深刻体会："快"，白天8小时工作的时候要快；"慢"，下班后的生活节奏要放慢。我以前工作的公司早上9点上班，下午5点下班，午餐时间40分钟左右。大家吃完饭，稍微休息一下，就回到自己的工位上去工作了。工作期间的办公室里特别安静，有工作上的沟通就三五成群地在小会议室里开会，10~20分钟，就事论事，高效解决。到了下班的点，除非有重要又紧急的事情才偶尔加班。周末和平常晚上，除非极特殊的情况，同事之间是不互相打电话谈工作的。公司一年给员工12天的带薪年假，鼓励员工每年给自己放个大假，出去旅行看世界，丢掉坏情绪，重新收拾心情，开始新的征程。

做好目标管理、时间管理，提高沟通技巧、工作技能，高效利用好上班的8小时，员工既能做到工作和生活的平衡，又能完成绩效指标，老板赚到利润，员工拿到工资和奖金，一点也不矛盾。

第八，工作氛围要好玩、有趣。

这一项越来越受到年轻的"90后""95后"等新生代员工的关注。员工可以自我解嘲、相互调侃，上班的时候要觉得工作是有趣好玩的，这种感觉对于员工的工作投入度和其对组织的忠诚度都会有很大的影响。也就是说，越好玩的企业越容易留住人。

这里最典型的企业应该就是谷歌（Google）公司了。谷歌允许员工随意装扮自己的办公桌，怎么喜欢怎么来；也可以在厕所门上贴一些好玩的笑话。

为了缓解员工工作时的紧张情绪，好多 IT 公司都会专门备一间屋子，让员工可以安静地在里面思考，或者拿特意放在房间里的抱枕出气，以此调整他们的心情，让他们在发泄后可以以更好的精神状态投入到工作中去。

每名企业员工都想在工作中得到幸福感，努力工作就是为了让自己拥有幸福的生活，企业要把幸福放到内部管理之中，幸福感是快乐感与价值感的有机统一。当员工感受到工作的幸福之后，便会对企业有认同感，进而更有工作激情和工作动力，最终促进企业的长远发展。

民营企业人才招不来、留不住的原因之一：老板的自我修炼不够、格局不足

彼得·德鲁克，现代管理学之父，世界著名管理学大师。他对人力资源管理的许多观点都具有开创性。其著作影响了数代追求创新及最佳管理实践的学者和企业家。下面我将列出其中的一些经典理论，和大家进行探讨，通过这些讨论，老板就能知道如何修炼和提高自己的商业格局了。

经典观点 1：人事决策不在于减少员工的弱点，而在于发挥员工的长处。

人事决策时着重考虑的应该是如何发挥人的长处，而不是暴露短处。用人其实就是在用这个人的长处，用最合适的人胜过用最优秀的人。精明的企业管理者对待人才要做的、最应该学会的就是发现人才的优点，使得人尽其才，将合适的人放在合适的位置上。

经典观点 2：21 世纪企业最有价值的资产是人。

在现代社会，人才是企业最重要的资产。在 21 世纪，经济是以高新技术产业为主导，以知识为基础的人才经济。只有人的头脑里才凝聚着知识、技术和力量。

如今，企业之间的竞争，知识的创造、利用与增值，资源的合理配置，等等，最终都要靠人才来实现。人才是实现经济体制和经济增长方式两个根本转变的关键。并且，人才使企业的人力资本不断增值，是企业发展的主导力量。人才将推动企业的成长，将个人发展与企业发展融为一体。人才将使他的个人才华、理想、价值在企业中得到充分的发挥和体现，并能最大限度地为企业创造绩效。

经典观点 3：知识将成为一种新的关键性资源，知识型员工将成为社会新的统治阶层。

德鲁克认为，在当今的企业中，拥有某方面专长的知识型员工越来越多，因此，对知识型员工的管理问题会越来越突出。知识型员工更加注重精神需求的满足，因此管理者对知识型员工要有更多的理解和交流，没有什么比激励他们的斗志、满足他们的精神需要更重要的事了。

经典观点 4：管理者的终极任务就是引导出员工的工作热情和希望。

德鲁克的思想是构建在科学管理理论和行为科学理论之上的。他认为，管理者的主要职责之一就是激励员工，他们必须学会激发员工工作热情的恰当方法，使之心甘情愿地为实现组织目标而努力奋斗，让员工在工作中心里踏实又不断看到希望。

管理经验指出，组织应该用正确的态度对待人、用合理的原则挑选人、用科学的方法管理人、用灵活的机制激励人。管理者要激发员工的工作热情，要挖掘并超常发挥人才的潜能，最大限度地发挥人力资源的作用。

经典观点 5：组织并非为了自身的利益而存在。

德鲁克认为，任何组织都不是为了自身的利益而存在，而是为了实现某种特定的社会目的，并通过满足社会、邻里或个人的特定需要而存在的。

我认为德鲁克的管理思想对于"民企人力资源管理"主题的启示意义在于：

第一，人力不是物力，而是活的资源。

组织的资源很多，但核心资源只有人力这一项。人力资源不同于物力资源，其最大特征是，它是活的资源，能思维，能想象，能创造。

现代管理者应该让员工更有活力地工作，让人的聪明才智、灵感得到充分发挥，在保持健康体魄的基础上，让生产力得到充分释放，让组织的总体效益得到成倍增长。

在德鲁克看来，组织走下坡路的第一个信号就是对那些合格的、能干的、有志向的人才失去吸引力。

第二，管理"推销化"，重视对方需要什么。

管理活动与营销活动具有相同的目的，即实现组织目标，区别则在于各自活动内容的不同。组织目标的实现依靠组织成员共同完成，组织目标就是组织成员的共同目标。因此，实现目标的手段越是基于群体的需要，群体为此付出的贡献和热情越多，成员的价值就越大，组织的收益也就越大，组织与成员也就越能形成持久的交换关系，越能获得源源不断的利益。所以，管理者有必要借鉴营销理念，将管理目标和手段建立在对方的需求之上。

第三，不犯错的一定是平庸的员工。

所谓平庸，也就是人们常说的"不求有功，但求无过"，做事不越雷池一步。平庸的员工宁可事情拖延不办也要等领导决定，他们是职场中的"木偶""植物人"。而不平庸的人头脑与行动是灵活的，他们有不同的愿望需求，有好奇心，总想尝试新东西。虽然成功、收益永远与风险并存，但敢于尝试也算是向成功迈出了第一步，保守必定导致平庸。

因此，人力资源管理应致力于解放人、激励人、开发人，以人为本，与时俱进，充分利用人的聪明与智慧为社会创造最大财富。

第四，最差的管理是人事不公带来的。

如果企业中一个平庸的、喜欢阿谀奉承、耍小聪明的人都能得到奖励，那么这家企业必然会走下坡路。

任何组织实现目标都要靠人，因此，人事任用是管理的重中之重。人事不公不仅影响组织风气，还会影响组织前进的步伐和进程。所有领导者和管理者都应对该问题产生足够的重视。

| 避免走弯路：针对创业者的人力资源管理建议 |

创业是如今最热门的话题之一，创业公司的管理也是一个非常值得探讨的话题，经历过创业的人都知道，那绝对是一个痛苦又快乐的过程。我把在创业过程中企业可能会遇到的几个人力资源管理难点总结如下。

一、创业初期的人力资源管理难题和建议

第一，找合伙人。

现在一个人创业真的比较难，除了自己，你还需要再找 2~3 个和你互补的联合创始人。比如一个负责产品和技术，另一个负责市场和销售。如果你是文科生，就找个理科生；如果你是产品型的，就找个销售型的；如果你逻辑数理能力不足，就找个这方面比较优秀的人。

切记，创业时尽量避免找与自己同类型的人。我在创业初期就犯过这种错误，能力一样、脾气一样、性格一样的两个人，虽然待在一块儿很舒服，但创业成功的可能性会大打折扣。总之，一定要找和自己资源互补、能力互补的人来合伙创业。

而且其中的一个人要有本事、有资源，可以搞定天使客户。什么叫天使客户（种子客户）？就是发自内心地想使用你们的产品或者服务的人。天使客户比天使投资还要重要，只有出现天使客户，才能验证你的商业模式是否可行，你才能比较顺利地进入下一个阶段。

第二，团队招募。

在创业早期，创业公司最头疼的问题之一应该就是招聘人才了。在这个阶段，公司没有知名度，资源非常有限，甚至产品可能还在研发阶段，有竞争力的薪资往往只是个口号。每一个创业者都很清楚，只有与优秀的人一起，才有可能成就伟大的事，那么如何招到优秀的人才呢？

（1）重点看候选者是否有很强的自驱力、执行力和责任心，能否主动思考，找到未来的方向，并积极尝试。

（2）候选人是否热爱学习、喜欢新鲜事物。在有些岗位，人的学习能力和品格往往是大于专业经验的。

（3）创业初期不需要招一个很厉害的 HR（你很可能支付不起他的工资），创始人就是企业的 HR，招个有 2~3 年工作经验的专员或主管就行。这个阶段企业的"招聘工作"应该是全民皆兵，管理层冲在第一线，人人都是招聘经理，鼓励全员推荐优秀人才，设立"荐才奖"。管理层也要对人才的面试选拔、录用和管理亲力亲为。

（4）不要以为创业公司能吸引人的只有股票期权。真正优秀的候选人都是理性的，他们都清楚，加入一家创业公司无异于进行一场赌博。虽然期权的多少代表了赌赢的收益，确实很诱人，但更重要的是这场赌局的赢面是否够大。愿意考虑创业公司的候选人都是愿意做赌徒的人，最后没能与你合作，唯一的原因就是他觉得跟你一起的胜率不会太高。我的建议是，忘记股票期权吧，在创业初期吸引人才的最好工具其实只有两个字："真诚"。除去一些商业机密不能说，告诉你看上的候选人：

• 你是谁？

• 公司的愿景和使命是什么？

• 现在已经做了哪些工作？

- 未来想做什么？

- 为什么需要候选人的加盟？

- 现在可以提供给候选人什么？

第三，找到一个靠谱的商业模式。

没有靠谱的商业模式，就找不到未来盈利的可能性。只有极个别的公司，如京东、亚马逊、特斯拉等，成立多年，虽然没有盈利，却能在资本市场得到投资人的青睐。大多数人做的都是普通的创业，拥有一个靠谱的商业模式是你吸引求职者的重要一环。

找到巨头看不到或看不上的市场作为切入点，就会得到一个非常难得的生存窗口期，而且一定得是刚需，就是在什么样的场景下解决人们哪一个痛点，这是最关键的、最核心的问题。你要不断问自己，我的客户是谁？为什么他要买我的产品或服务？他有付费的意愿吗？他有重复购买的意愿吗？然后，你的产品要精益开发，快速迭代。这样，公司才有可能在市场上站稳脚跟。

以我为例，我在外企做的是招聘及员工关系的经理。在我辞职准备创业时，我想利用自己的工作经验为其他创业者提供更加精准的帮助。经过两个月的考察分析，我决定从一个细分的培训市场开始创业，就是"人力资源管理培训"。原因有两个：第一，我有 12 年跨国公司一线人力资源管理实操经验，我自己会研发课程、上台讲课，也相信总有一天民企老板会认可人力资源的岗位职能价值；第二，在我工作的城市，当年没有一家同行公司专门做人力资源管理培训这个细分市场。

我的客户是中国所有想从事人力资源工作的个人，我称他们为"人力资源小白"。全中国有 1100 万家民营企业，每一家民营企业都有一个或几个人力资源岗位，可是目前中国只有 428 所高校有人力资源本科，每年人力资源专业的应届本科生和研究生，大部分会首选国企、机关、外企，留给民企的人力资源应届生其实非常少，市场上民企数量又最为庞大，中间的人才空缺就是刚需，我想做的就是学校和企业之间这部分空缺人才的岗前培训工作。

我们公司引进了中华人民共和国人力资源和社会保障部（以下简称"人社部"）的人力资源职业资格认证，包括人力资源师国家三级、二级、一级，这是人力资源新人入行的理论学习必考证书。

任何能力都是理论＋实操的结合，更何况人力资源管理专业是 门动手实操性极强的专业。于是，我把多年的一线外企经验和做民营企业管理内训和咨询的经验糅在一起，研发了一门课程，叫"宋老师 HR 私房课——HR 实操全科班"，对象就是那些不是人力资源专业毕业，又特别想从事人力资源工作的年轻人。他们考完理论证书，知道人力资源管理是什么，也了解了人力资源的六大职能模块，然后再来报名参加这个人力资源实操课程。

这套课程采用目前最先进的"翻转课堂"，线上线下结合，学费只相当于武汉这样的城市里一名普通职员一个月的工资。此外，我们建立了学员 QQ 群、微信群，把各行各业资深的人力资源经理都汇聚在群里，免费回答学员工作上碰到的问题。

我的培训公司的商业模式是不是特别清晰？定位是一个小巧精致、细心周到的公司。在没有一个市场销售人员的情况下，线下学员已经有18000 名了。

二、创业后期到成长期的人力资源管理难题和建议

当企业成长到一定规模，招聘就不再是企业面临的唯一难题。人们渐渐会发现，企业里的沟通开始变得困难，很多事情不再像以前一样指哪打哪，这时企业就应该组建一个专业的人力资源团队，并且开始认真考虑管理的事情。在这个环节，我有几个建议。

第一，老板要选对人，培养人，激励人，用好人。

老板作为组织的领导者，如何理解"人才"是个非常关键的问题，这点也决定了老板管理企业的水平。民营企业的老板以及公司的中高管，都要学习科学的人力资源管理理念、工具和方法。

第二，当员工规模超过 50 人后，企业可以在市场上物色一位至少有 5 年一线工作经验的人力资源主管或经理。

这位人力资源经理首先要协助老板，确定公司的管控模式，建立公司的组织架构，划分部门、组织阶层，完善上下级汇报线，厘清岗位职责，编写岗位说明书等。其中，建立公司组织架构是开展人力资源管理工作的基础，要以公司实际的产品特征和业务形态为出发点，不能完全照搬其他公司的模板。只有组织形态明确了，相应的权限、责任、流程才容易明确，制度才易于制定和落地。

然后，让人力资源经理起草一套最基础的管理流程、规章制度。不要轻易推行庞大的体系，最适合公司的体系是在实践过程中不断摸索、总结、改进出来的。具体方法就是根据公司当前最急迫的问题制定相应的制度对策，由管理层把控大的原则，比如强调管控还是鼓励弹性，重体验还是强管理等。

第三，老板和人力资源经理一起为每一个职能部门寻找合适的部门负责人。

这个人选对了，会对公司发展起到至关重要的作用。这个阶段，老板需要学习人力资源管理中的招聘面试技巧，做到看人不走眼。

第四，老板要把企业当成一个平台，锻炼组织，完成组织进化。

企业需要培养员工的团队能力、合作精神，优化中间流程，把无序变成有序，这样组织才能不断成长。等企业过了生存期，能在市场上站稳脚跟了，老板就要重视另一件很重要的事——鼓励组织里的其他人尝试判断和决策。公司要建立起一套完整的决策机制，不断鼓励下属去做决策。

第五，打造企业文化。

创业初期，企业文化就是创始人的文化，老板的一言一行、一举一动都会影响企业文化的塑造。我把"建立企业文化"放在公司规范化管理和人力资源体系建立的第一步，正是因为这项工作是企业人力资源管理体系建设的重中之重。

第六，慎重学习借鉴大公司的人力资源管理模式。

很多创业公司喜欢研究腾讯、阿里巴巴、华为等几家成功企业的人力资源管理模式，把他们视为最佳模仿对象。比如，阿里巴巴有强大的文化价值观指引，总能根据市场变化做出快速调整，时刻"拥抱变化"。如果你没有马云的前瞻性，就不要轻易尝试。人力资源管理是一门实践科学，它最大的特点就是必须到实际场景里讨论才有价值，所以任何借鉴都需要首先考虑场景的相似程度。

人力资源管理中的每一种管理工具都有特定的适用场景，也都是双刃剑。比如绩效能激发组织活力，但是会压制创新与合作；福利能增强员工稳定性，但是会带来难以逆转的成本上升；岗位的界定有利于标准化和规模化复制，但是容易导致组织僵化。优秀的管理者应该辩证地审视每一种管理工具，唯一的决策依据来自于企业的业务形态和需要解决的核心问题，同时负效应也要在可承受范围之内。最终你会发现，每家成功的企业在管理上都是独特的、不可复制的。

第二篇

磨刀不误砍柴工——企业管理者的人力资源管理知识与技能提升

第四章

企业管理者（非人力资源经理）必须具备的
人力资源管理思想

企业中，任何一位主管/经理首先应该是本部门的人力资源主管/经理

在企业中，部门经理与人力资源部门的矛盾会逐渐暴露出来。因为人力资源部门负责公司人力资源系统的搭建及人力资源战略规划的设计等宏观统筹性工作，而人力资源政策的落实及人力资源管理的具体事务都是由各个直线经理具体负责的。

如果部门中出现了人力资源管理问题，有的直线经理会抱怨人力资源部门招聘的下属不合格；有的则反映向人力资源部门申请多招一些员工，却被人力资源部门以"人员超编需要控制人工成本"为由拒绝；还有的认为人力资源部门设计的绩效及薪酬等级不合理，导致下属因得不到有效的激励而辞职；等等。部门经理对人力资源部门怨声载道，将核心人才的流失以及人岗不匹配等问题，统统归结到人力资源部门没有做好制度设计、人员招聘等人力资源管理工作上。

以上抱怨与不满给人的感觉是，一切人力资源管理的问题都是人力资源部门一手造成的，公司所有人力资源的事务都应该由人力资源部门全权负责。但事实上，企业人力资源管理应该是全体管理人员承担的责任，是所有管理者日常工作的重要组成部分，管理者必须有意识地观察、记录、指导、支持，合理评价下属员工的绩效改善和职业成长情况。下属员工能力的强弱、绩效的好坏以及工作满意度的高低应

成为影响管理者职位晋升的重要参考因素。

我做人力资源经理时，对每一名晋升为部门主管／经理的新管理者，都会在他升职的6个月内，给他先做2天人力资源管理技巧培训，再做2天沟通技巧培训和3天领导力技巧提升培训。通过这些培训，使管理者对人力资源管理有更加深刻的认识，为他们在日后更好地管理手下员工提供有力的支持和帮助。

因此我的建议是，每家公司都要从直线管理者的人力资源管理能力的提升入手，如果仅仅提高人力资源部门自身的人力资源开发与管理能力，而不提高人力资源工作最终执行者（直线经理）的人力资源管理水平，那么，再科学的人力资源管理体系也只能是"空中楼阁"。

所以，对公司而言，提高直线业务经理的人力资源管理能力才是企业人才管理的根本之道。

|部门经理的人力资源管理工作职责|

部门经理的基础工作是完成本部门的工作目标，同时在本部门范围内执行人力资源管理的规章制度，并接受人力资源经理的指导和监督。

根据我对教材的总结，部门经理的人力资源管理的具体工作职责有：

第一，参与人力资源战略规划的制定，为重大人事决策提供建议和信息支持。

部门经理根据本部门未来的发展战略，参与人力资源战略规划的制定与修订工作，参与本部门重大人事问题的决策。汇总本部门人事招聘、培训、考核和薪酬方面的信息，为人力资源部门的人事决策提供支持。

第二，参与部门人力资源战略的执行。

根据部门情况，配合人力资源部门在员工制度、人事管理制度、绩效管理制度、薪酬工资制度、员工手册、培训制度等规章制度的制定及实施过程中的辅助工作。为人力资源部门在制度制定前，与部门员工的工作沟通和访谈提供协调和帮助。这里面有一个相当基础又重要的工作，就是每一位直线主管／经理都要为自己的下属拟定一份"年度岗位说明书"。

第三，部门经理在招聘工作中的岗位职责。

部门经理根据部门职能及实际任务量，按照精简高效的原则提报人才需求计划。企业可以在每年 12 月底，由人力资源部门统筹，各部门经理结合当年和来年的销售指标申请人员预算编制，并确定招聘岗位的职责范围和任职条件（能力、素质及个性要求）。

之后，部门经理要积极配合人力资源部门的招聘工作，参与到应聘人员的面试筛选工作中去，对面试人员的相关业务能力水平、综合素质进行评估，并对人力资源部门为应聘人员做出的评估给予合理化建议。

对新员工的岗位及岗位职责、岗位工资的确定，部门经理需配合人力资源部门完成。部门经理要对在试用期的新员工的胜任能力进行考察，并将考察结果反馈给人力资源部，作为此员工是否通过试用期的重要参考。

第四，部门经理在部门员工分工及团队完成部门目标工作中的岗位职责。

部门经理在充分了解工作要求与员工能力状况的前提下，选择适合的人从事适合的工作，实现部门中的工作分工和人员协作。之后，部门经理要准确有效地界定部门员工的"权责利"，合理评价不同岗位的相对价值及任职要求。最后，部门经理负责指导员工制订阶段工作计划，并督促执行。

除此之外，部门经理还需要负责部门队伍建设，在部门内营造出良好的团队合作氛围，通过"走动式管理"与员工建立良好的沟通。

第五，部门经理在员工培训工作中的岗位职责。

部门经理对员工有培训教育责任，直线主管/经理通过与员工的有效工作沟通，了解其工作中能力的欠缺情况，并给员工提供岗位职责/业务流程/专业工作技能及其他与本职工作相关的专业性项目的培训。

部门经理需要将本部门员工的培训需求信息汇总，并及时反馈到人力资源部门，协助人力资源部门为本部门员工制订培训计划，组织安排培训。

部门经理需要对员工的培训效果及时跟踪，给予持续的辅导，并将员工培训结果反馈给人力资源部门，方便人力资源部门根据培训结果完善公司培训体系。

部门经理通过工作合作与沟通了解员工的职业发展需求，协助人力资源部门完成对员工的职业生涯规划。

第六，部门经理在员工薪酬福利工作中的岗位职责。

通过对本部门相关岗位外部薪酬结构与水平的调查与了解，部门经理向人力资源部门提供有关工作性质及相对价值方面的信息，作为员工薪酬决策的依据，为人力资源部门建立有效的薪酬激励约束机制提供政策性、合理性建议。

部门经理要将公司的薪酬制度，包括工资、奖金、福利、长期激励等内容，认真地给员工做讲解和说明，使其真正理解薪酬的内容和考核方式，使薪酬方案中的激励手段真正起到作用。

部门经理向公司提供员工在薪酬和福利方面的真实需求，并将薪酬方案在本部门实施过程中出现的问题及时反馈给人力资源部门。

第七，部门经理在员工绩效管理工作中的岗位职责。

部门经理根据本部门情况，在综合分析员工的工作经验、能力和潜质的基础上，对员工未来工作成果有所预期，并为人力资源部门制定部门绩效目标、员工个人绩效目标提供建议。

部门经理要参与到人力资源部门绩效考核指标／标准／权重的制定中，并为绩效考核指标的完善提出合理建议。我以前工作的外企的做法是，每年初，每一位上级要和他的下属坐下来，进行一场不低于40分钟的绩效目标设定（新年度岗位说明书和KPI考核指标）的面谈。在接下来的一年工作时间里，部门经理有责任与义务持续不断地辅导员工，并给予必要的资源支持，从而及时帮助、指导员工朝着既定绩效目标努力。

部门经理要在平时每一个阶段、每一个项目的进行过程中，认真记录、收集好员工的绩效表现细节，形成绩效考核文档，作为年终考核的依据。这里建议民营企业学习外企的做法，在每年6月底到7月初，每一位上级和他的下属进行一场半年度岗位说明书和KPI考核指标的绩效反馈面谈。因为市场竞争的大环境变化比较快，年初的目标需要在半年后进行调整、修正。部门经理要对员工上半年的整体工作态度、能力和业绩及时反馈：做得好的地方提出表扬，期望下半年做得更好；做得不好的地方，及时进行纠正、辅导。

到12月，部门经理负责对员工在一年考核期内的工作业绩、工作能力以及态度方面的绩效考核信息进行评定，并将结论反馈给人力资源部门。之后，部门经理要和每一名员工进行一场本年度绩效评估面谈。这份绩效评估结果，对人力资源部门在员工级别评定、升职加薪、发放年终奖等工作上提供了有力的支持。

到第二年初，部门经理要与员工进行考核沟通，提出绩效改进建议，并与员工共同制订绩效改进计划。之后，又是新一轮40分钟的年初绩效目标设定面谈。这样坚持几年后，绩效管理就会成为公司战略落地的最好执行工具。

以上是非人力资源部门经理在人力资源管理工作中需要扮演的管理角色，可以看出，人力资源部门与其他各部门经理共同承担了人力资源管理角色。企业部门经理处于人力资源管理活动的第一线，是真正意义上的人力资源管理者；人力资源部门仅仅是企业人力资源管理程序、方法、政策及战略规划的制定者，更多的是起到服务支持与管理咨询的作用。

| 从普通员工晋升到管理层：心态调整和适应转型学习提升 |

普通员工因为不需要领导别人，所以不会感受到太大的压力和风险。但是普通员工晋升为部门经理后，情况会发生极大的转变，你会成为公司里的关键人物。从普通员工到部门主管/经理的角色转变，使你开始面对截然不同的工作，这要求你的心态也必须随之转变。

晋升，是每个职场人梦寐以求的佳事，可能在得到消息的一刹那你很高兴，可你真正上任后却会发现自己面临着诸多亟待解决的问题。职务越高，责任越大，从员工到领导，不仅是头衔上的，更重要的是工作内容上的变迁。如果你想比较顺利地接手工作，那就必须及时调整自己的心态。

由于是从员工中升迁的，你的一些同事在和你相处时，心态会有一些改变，这是正常的，不要太在意。你只要做好以下几点，就能很快融入新工作，进而逐渐成为一名优秀的管理者。

具体建议如下：

（1）从现在起你遇到的任何困难和委屈，都不能在员工面前诉说。你要始终表现得很有信心，因为你是领导，你的一切都会感染到员工。

（2）工作以外的时间，你和员工还是朋友关系，工作时间你们就是上下级的关系。越和自己要好的同事，越要告诉他上班时间要严格遵守制度。和员工的关系不能太近，太近了你对他们没有威慑力，不容易保持制度的严肃性；距离也不能太远，太远了凝聚不起来，员工工作的积极性不好调动。所以要做到上班是好领导，关心爱护下属；下班是朋友，可以互相开一些无伤大雅的玩笑，让他们感觉到你是他们中的一员。

（3）作为一个管理者，要开始培养自己对成本控制、预算的管理能力，需要学一些基础的财务知识。

（4）一个部门主管/经理，其实就是这个部门的人力资源负责人，学习人才的选、育、留、用等知识和技能，会大大提升你的工作适应性。

（5）学习情商课程，掌握更多为人处世的方法和人际关系的沟通技巧。

（6）对个人道德品德进行修炼，做一个诚实、正直、公平、公正的人，当领导要懂得付出。

（7）花时间和心思研究公司的业务体系、产品体系，逐渐成长为一名合格的商业人士。

（8）阅读管理学经典书籍，恶补管理学理论知识，通过学习提高专业水平、提升商业格局。

（9）在工作岗位上多做实操，通过实践锻炼使自身综合工作能力得到提高。

（10）培养高度的市场敏感性，能提供给公司高层与时俱进的可执行方案，擅长目标分解，具备高效执行、以结果为导向的思维等，使自己的整体领导力水平得到提升。

（11）修炼和提高自己的人格魅力，这是个长期的过程。

第五章

想要留住人才，
管理者必须首先提升自己的技能和魅力

育人与完成工作业务对于任何一位主管 / 经理来讲同等重要

当你是员工时，你必须力求个人有突出表现，以符合领导的要求；当你成为领导时，你的价值就不再来自个人成绩，而是来自整个团队每一个成员的表现。正如美国通用电气公司（General Electric Company，简称 GE）前任董事长、首席执行官杰克·韦尔奇（Jack Welch）所说："在你成为领导之前，成功只和自己的成长有关。当你成为领导之后，成功和别人的成长有关。"

这是很多中国职场人士在升职到管理层后，观念和能力上很难适应的一个转变。但如果你有成为一名成功管理者的抱负，你就必须接受这一转变。

作为一家企业的领导者，你的成长总是伴随着下属的成长的。领导者必须做好 3 件事：识人、用人、培养人。领导者还必须有两大法宝：一是主动思考未来，二是带动更多的人共同追求卓越。

领导者建立目标是为了激励人、团结人共同做事情，为达到这样的目标，具体的做法是：宽容、容忍、理解那些幼稚、愚笨、不负责任的想法和做法。同时，人们提倡领导者要有卓越和创新的精神，要求精益求精。这两者的完美结合是：建议、尊重。对于那些看不入眼的想法和做法，尽量尊重，委婉、启发式地给予建议，而不是粗暴、激烈地否定。体察他人利益，了解别人的需要，并且给以满足，甚至牺牲自己。一个好的领导者不容易做到，在成长的过程中会碰壁、会怀疑、会痛苦，但只有经历过这些后，你才能获得真正的成长和成熟。

| 分享企业关于选人、育人、用人、留人、辞人的相关知识点 |

第一，人力资源入门基础学——选，如何有效选才。

招聘不成功的症结在哪里？公司到底缺什么？公司需要什么样的人才？人才质量如何保证？如何看人不走眼？如何提高招聘效率？如何挑选合适岗位要求的面试测评手段？招聘与甄选流程中的职责分工，结构化面试的内容与技巧，面试官在面试中容易出现的误区及其避免方法，面试技巧全攻略——运用 STAR 面试法，帮企业找到合适的人才。

第二，人才管理发展学——育，如何有效建立培训体系。

人才怎么培养，谁的责任？培养人才的整体框架、培训体系的建立及方法介绍，新进人员岗前培训怎么做？如何有效推进部门的培训计划？如何评估培训效果？

第三，人才管理绩效学——用，从日常绩效辅导与沟通做起。

绩效管理对于人才的重要性；人才的绩效管理四大循环；绩效管理工具及方法介绍（KPI、BSC、MBO、SMART）；用人的成功之道在于有效沟通和辅导；人才的梯队计划（保证合格的不断层的管理人才）。

第四，人才管理激励学——留，留才从理性和感性做起。

薪酬理论的原则和要素分析；薪资整体框架及奖金分配模式；部门主管对建立公平薪酬的责任；激励诱因（工资、奖金）VS 非激励诱因（升职、晋升、工作舞台、自我成长等）；核心人员与关键人才的留才策略。

第五，人才管理淘汰学——辞，合理的人才流动是必需的。

企业的成长是不可能完全靠同一批人实现的。在企业的发展过程中，总有一些员工和企业共同成长，达到双赢；也有一些不能跟着企业成长的员工，结果只能被淘汰。每一位部门经理都要掌握科学的离职面谈技巧，员工主动辞职时的应对流程。学会如何合法又合理地淘汰不能胜任工作的员工，保持部门里一直有新鲜的血液和斗志。

以上 5 个方面在本书最后一部分内容中会有详细讲解，企业的管理者要和人力资源部的同事一起学习。管理者不用全部都看，可以选择性地去了解学习一下上面提到的部分。

企业中高管的职业化技能以及领导力的提升方法

我在外企做人力资源经理时，我的上级——中国区人力资源总监给我定的一个 KPI 考核指标就是提升公司管理层的领导力水平。因此，每年初我们会给每一位管理层人员做"领导力测评"。我们买的是专业咨询公司的测评软件，满分是 5 分。有一年，我们华中区管理层的领导力平均分为 3.2 分。这一年组织了几场领导力提升的内训课程，还组织了每一位管理者的 360 度评估和后续的改进行动，再加上公司高管一年之中对他们的帮助和辅导，到了年底，整个管理层的领导力平均分提高到 3.8 分。

各位企业中高管，不管你们公司有没有像这样给你们提升领导力，你们都要对自己的职业成长负责。这里分享一些我自己的心得体会。

第一，明确这是你真正热爱的事业，内在驱动力非常重要。

这里推荐一本丹尼尔·平克（Daniel H. Pink）写的书，名字为《驱动力》。在书中，他将人的驱动力分为 3 种：第一种驱动力来自基本生存需要的生物性驱动力；第二种驱动力来自外在动力，即奖罚并存的胡萝卜加大棒模式；第三种驱动力来自内在的动力，即内心想把一件事情做好的愿望。我身边获得成功的职业经理人、创业者，无不真正热爱自己所从事的工作或事业，我自己也是这样。我已经做了 24 年的人力资源工作，每次站在讲台上为年轻人讲课时仍然慷慨激昂，对人力资源工作始终充满热爱。

我非常喜欢的舞蹈家杨丽萍曾说过一句话："跳舞本身就是回报！"她不是因为有回报才去做，而是因为"做"本身就是回报。这种"做本身就是回报"的动力，就是上文所说的内在驱动力。

日本著名的企业家稻盛和夫在其《干法》一书中，将人分为3种类型：不燃型、可燃型和自燃型。那些自燃型的人，靠的不是坚持或自律，而是自己内在的驱动力。从这个角度来说，人会愿意为自己喜欢的事情去努力和奋斗。所以，明确这是你真正热爱的工作或事业，你的内在驱动力就能促进思维活跃，提高理解力，提升成绩。不需要别人催促，你自然会主动地学习思考，并取得最终的成功。

第二，让内在目标引领你的内心。

如果将目标按照内外部来分，可以分为外在目标和内在目标。所谓外在目标，就是以利益为导向，追求个人的荣华富贵和功成名就。内在目标则是让自己更好地成长，并愿意帮助改善他人的生活。只有内在目标才能更长期地引领你的内心，并调动你做事的积极性。你需要在年轻时就找到你的内在目标，包括人生目标、工作方向等。

第三，如果发现自己到了舒适区，一定要逼着自己去挑战更高的职位、更有难度的工作。

难度适中的任务会激发一个人的心流体验。去接受老板给你的新工作、新任务的挑战吧，舒适感会扼杀你的生产力和创造力，如果没有来自生死线和对美好期望的危机感，人们往往会得过且过，勉强应付一下。长此以往，你将失去学习新事物的动力和野心，也会掉进所谓的工作陷阱。所以，不要"假装"自己很忙碌，而是应该走出你为自己设置的界限，这样才能使你加快成长的步伐，做更多有益的事，找到更高效的工作方式，最终实现自己的理想。

第四，培养具有远见、商业敏感性的大局观。

你已经不是普通员工，你可能会领导一个部门，带领一个团队。什么是大局观？大局观就是凡事都要做长远考虑、全局考虑，以得与失的辩证关系原理看待问题。大局观，就是不因局部或一时的胜负耽误全局的结果，获取最终的胜利。

要想拥有大局观，眼界一定要宽广，对于事情的各个环节都要有一定的了解，这些知识可以通过阅读书籍、日常实践或经验交流来获得，多调查研究，多听、多看、多讨论、多思考，提升自己的知识、经验、智慧，就能够提升大局观。

第五，具有优秀管理者的心理素质。

当一个管理者，考验往往不在 IQ（智商），而是在心理素质。作为管理者，你的豁达、气度、人格魅力源自内心深处强烈的自信，而这种自信恰恰来自你的个人经验以及对新事物的学习能力。把成为一个情绪稳定、自信、有魅力的管理者当作你的目标吧，你会发现成为一个优秀的管理者其实并没有那么困难。

第六，具备优秀的领导素质，成长为一个好的管理者。

我在飞利浦公司工作时，曾经通过一场 20 个人参与的"头脑风暴"，对"领导素质"进行了拆解，总结出了 6 个能体现领导素质的条件，这里分享给大家。

- **是否表现出获取杰出成就的决心**：为获取成就承担责任，表现获胜的决心以实现远景目标。

- **是否关注市场**：将对市场和外部环境的正确理解运用到所有经营活动中，以获取竞争优势。

- **是否寻找更好方法**：通过寻找方法使事情进行得更快、更有效率，与他人合作得更有效果，最终实现关键过程的最优化。

- **是否要求最佳表现**：要求达到卓越的表现目标及标准，设立榜样，明确期望，积极管理表现以确保目标达成。
- **是否激发投入**：获得理性及感性上的承诺，将对人的理解应用于激发他们及获得最优结果上。
- **是否发展自我及他人**：通过不断学习和进步提高组织能力。

第七，管理技能的学习提升。

下面是我以前工作过的公司的中高管年度培训计划，希望你的公司也可以给员工组织一些系统的培训，借助外脑来辅助提高公司管理层的能力和水平。

- **自我管理能力提升的三门课程**：《找准定位——角色认知》《提升效率——时间管理》《理清思维——问题分析与解决》。
- **执行管理能力提升的两门课程**：《执行流程——目标管理》《执行手段——管理沟通》。
- **员工发展能力提升的三门课程**：《技能发展——工作辅导与绩效辅导》《心理发展——高效激励员工》《责任发展——合理授权》。
- **团队领导能力提升的两门课程**：《团队建设——建立高效团队》《团队感召——教练领导》。

第八，学习和掌握一些经典的管理理念、工具和方法。

比如我特别喜欢的一个管理小工具：PDCA（计划—执行—检查—改进）。一个简单的例会、一次工作流程的小改进、年度员工的绩效考核，都可以用这个程序来管理和记录。在公司推广这个管理工具，会使公司的每一个部门、每一名员工都养成良好的工作习惯，提高工作效率。

我觉得比较好用的工具还有 SWOT 战略分析、平衡记分卡（绩效管理工具）、二八原则（重要性分析）、SMART（目标管理）、KPI（关键绩效指标）、5W1H（分析方法）、FAB（沟通方法）、头脑风暴法（沟通方法）、5S 整理法等。

第九，终身学习的理念和行动。

成为学习的高手，比暂时成功更重要。学习并不是一件枯燥的事，而是自我挑战和自我探索的有趣过程。真正的学习赢家，能够在追求卓越的过程中持续吸收营养，总结心得，最终以健康的心态和纯熟的技巧，表现出最好的自己。

| 管理者如何做到内外兼修，成为一名有魅力的上级 |

要知道，现在"90 后""95 后"的员工，喜欢的是一个"有颜有料"的上级，你需要通过下面的方法提升自己，做到内外兼修。

一、多读书

一个人的思维模式决定了他能走多远。对此，我的建议是，多读一些经典的管理类书籍吧，这会给你的管理工作带来不少的启发和参考。下面推荐 4 类书给大家。

第一类：知名企业的高管或老板自己写的传记。 比如 IBM 前董事长郭士纳的自传，这种真正的管理专业类图书，比别人代笔的企业家传记要好很多。

第二类：有关管理方法论的图书。 虽然有一些书你并不一定能全看懂，但过上一年半载，你再翻出来看看，可能就会有新的认识和感悟。

第三类：有关组织管理、人力资源管理的图书。 作为一个组织的管理者，对人的理解是非常关键的，这点也决定了你管理企业或部门的水平。

第四类：人文社科类图书。目的是多涉猎不同的领域，扩展知识面，提高自身素质。

大家买书、买课程时，我的建议是慎重选择作者是大学老师的书，这种类型的书好多是为了评职称用的，一定要挑选后再决定是否购买。

二、多旅行

管理者要有开放的心胸和宽广的视野。开放，是愿意听别人的意见，可以不采纳，但是要尊重别人说话的权利。不开放的管理者，会使员工都变得死气沉沉。

旅行看世界是我最喜欢的一种提升眼界、开放心胸的方法。我从2009年开始出发，至今已经环游了50多个国家和地区，最远去了南极和北极，最高抵达过海拔5200米的珠峰大本营，最低潜到28米深的大海。

一次旅行一个故事，一个地方一段历史，一个民族一个传说。不远行，你无法想象世界之大美；不远行，你无法把握人生之精彩。

正如《一代宗师》中讲到的人生三境界：

见自己：自我塑造。学会正确地认识自己，面对自己，不骄不躁、不卑不亢、不以物喜不以己悲。

见天地：社会定位。不看大地，永远不知道自己的渺小；不见汪洋，永远不知道自己的肤浅；不见高人，永远不知道自己的不足。"见天地"是对"见自己"最大程度的修正和提高。

见众生：到这个境界，就可以泰然自若，用最恰当的合适自己的状态，从容地面对众生。见过自己，知道自己的分量；见过天地，知道自己的卑微。这时再面对众生，才能做到所谓的虚怀若谷、大象无形。

三、多运动

健康的身体是人们实现梦想与未来最有力的保障，人的一生可能会干很多蠢事，最蠢的一件事就是忽视健康。人生不是一次百米跑，而是一场马拉松。生活经常是忙过这一阵子，接着又要忙下一阵子，快节奏高压力的工作，需要精力充沛的人来执行。所以，越忙碌的人，越重视运动。

我是 2016 年才真正开始爱上运动的。我会每周安排 5 个晚上去健身房，每次 1.5~2 个小时的力量 + 有氧运动，坚持到了现在。

运动真正的魅力除了健康体魄之外，还能给你带来坚强的意志、随心而动的快乐，以及享受生命的态度。每个人都可以成为生活的玩家，抛开束缚，投身到你所喜欢的运动中，比如健身、跑步、篮球、自行车、游泳、潜水等等。不要认为只要有钱就能实现梦想，那只是一种肤浅的想法。只有拥有健康长寿的身体，才有机会实现自己的梦想。

第三篇

手把手干货落地——企业如何在 90 天内建立一套人力资源基础管理体系

第六章

企业文化如何建立与落地

我做 HR 时，有一半的工作职责是协助老板从 0 到 1 做企业文化建立与落地。创业后，我们在公司的第一年就开始做企业文化建设，我参与了设计与建设的全过程。可以说，这一部分内容是我在企业文化模块的思考和沉淀。抛砖引玉，希望能为各位民营企业 HR 和老板打开思路。

|企业文化的内涵及作用|

一、企业文化是什么

在公司见到领导应该怎么称呼？是张局、李处、王书记（该类称呼常见于国企、政府部门），Peter、Tom、Wendy（该类称呼常见于外企），孙哥、李姐（该类称呼常见于民企），还是同学、班长（该类称呼常见于互联网行业、创业公司）呢？

• 你们公司的层级关系是不是很复杂？一个决策要经过好几个层级才能最终审批？

• 你们公司管理层和职能部门的办公室大门是开着的，还是关着的？

• 你和领导意见不同时，你是据理力争，还是"一切服从领导"？

• 领导办公是和你们坐在一起，还是有自己的独立办公室？

• 应不应该给领导开车门、提包、送礼？

• 开年会时，你们是喝红酒还是白酒？要不要去给领导敬酒？

……

以上种种，没有统一答案，行为背后体现的是企业的价值观和文化。通俗地讲，企业文化就是在没有上级命令，也没有制度安排的情况下，企业默认的做事风格。比如从上面问题的答案里，你也能揣测出回答问题的员工他所在公司的企业文化。

以下是我从实践工作经验中总结出的，我理解的、认可的和推崇的企业文化。

• 企业文化是企业在长期生产经营过程中形成的价值观念、经营理念、团体意识和行为规范的总和。

• 企业文化一定以"打造企业卓越绩效"为导向，因为企业文化的核心是绩效文化。

• 企业文化要深入公司每个部门的工作流程和每位员工的日常工作行为中。

• 企业文化要在人力资源管理的选、用、育、留各个环节体现，特别是：

（1）公司管理规章制度的建立；

（2）招聘面试时人才的选择；

（3）持续性的企业文化主题的培训、研讨；

（4）关键绩效考核指标（KPI）——高绩效的企业文化；

（5）融入企业文化的团队建设活动。

• 企业文化对外，是打造"雇主品牌建设"。

• 企业文化的三个关键词：

（1）价值引导（激发员工内在驱动）。

（2）行为约束（什么是对的，什么是错的；什么能做，什么不能做）。

（3）利益驱动（做好了奖励，做不好处罚）。

• 企业文化是一套完整的管理逻辑体系。

• 企业文化是持久竞争优势的来源，是企业发展的内在驱动力。

以上 8 点结论，需要你看完下面全部内容后，再重新读一遍，相信你会获得更深刻、更直观的体验和感受。

二、企业文化的作用是什么

未来的企业竞争将主要是人的竞争，而人的竞争从某种角度上讲就是企业文化的竞争。企业文化是企业取之不尽、用之不竭的动力源泉和智慧之源。

企业文化的作用可以用 4 句话来概括：

• 企业发展的内驱力；

• 企业竞争的软实力；

• 企业经营的灵魂；

• 企业管理中最具软性和张力的工具。

三、初创期和成长期的民营企业一定要做企业文化的建立和落地

中小企业创立初期因为规模较小，需要解决的问题很多，所以大多数创业者觉得条件还不够成熟，文化建设不是企业最急需解决的问题，因而忽略和不重视企业文化建设便成为这些企业的通病。

事实上，任何一名创业者在潜意识上都很重视企业文化：作为老板，你是不是考虑过如何让员工心甘情愿地和你同舟共济，如何让他们提高

工作效率，如何让他们认同你的企业发展目标并为之奋斗？每个老板都会考虑企业凭借什么来凝聚员工，这就是企业文化要解决的问题。

对不断成长的小企业而言，企业文化的建设更为重要，否则，就会连企业长不大的原因都找不到。

另外，"企业文化就是老板文化"，这个观点对吗？

在初创阶段，企业所有的价值判断、对环境的认知以及为生存所做的努力，必须由老板一个人来承担，所以他的所有行为选择就是企业选择，因此老板文化就是企业文化在此时是完全成立的。

初创企业的文化，它的核心就是领导人的文化，是企业领导人的哲学态度、价值观、做事风格以及个人喜好的最佳体现。领导重视什么，下属就会注意什么；领导不重视什么，下属就会轻视或忽略这方面。这种观念就叫作领导的哲学态度，也叫作领导人的价值观。因此，领导者的思想意识和行为方式对一个企业的文化影响是至关重要的。领导者是企业文化的灵魂，是企业文化的倡导者、培育者、设计者，更是企业文化的身体力行者，转换和更新的推动者。

所以，初创企业的文化就是领导人文化，企业不需要特意创造出新的企业文化，只需要把领导人文化在企业成功落地即可。

| 几种常见的民营企业文化举例 |

老板们不要一上来就想直接学会如何按步骤建设企业文化，还是先看几个我在人力资源咨询管理实践中碰到的奇葩老板吧。通过他们你就能知道，有什么样的老板，就会有什么样的企业文化。"前车之鉴，后事之师"，希望下面这些例子可以让老板们真正从自身做起，把企业文化做好。

我曾经有 5 年时间专注做民营企业的人力资源管理咨询项目，因此接触到很多处于初创期、成长期的民营企业，见过了各种风格类型的老板。

第一位：老板出尔反尔。

我曾经接过一家私企的人力资源咨询项目，花了一个月的时间考察调研，又花了一个月的时间把现行的规章制度梳理更新，终于帮助这家私企建立起一套规范的、符合公司现状的管理制度。我给这家公司做完宣讲、解读和培训后，老板和员工都很满意，公司也终于有了规范的流程和管理制度，从"人治"向规范化管理迈进了一大步。

3个月后的一天，我到他们公司做例行回访，发现老板办公室的秘书位置是空的，便随口问了一句："小张没在工位，是休假了吗？"

HR看着我，面露难色地说："是休假了。"

我问她："休的是什么假？"

HR说："婚前准备假。"

听到后我一下子就惊呆了，写制度时应该没有写过这个假啊，《劳动法》里也没听说有这个假，便赶紧问HR具体是什么情况。

HR说："哪有这种假，小张找我填单申请时被我打回去了，结果过两天，小张拿着老板签字的假期单甩在我桌上，扭头就走了，休了10天婚前准备假。唉，宋老师你也知道，小张是老板秘书，和老板的关系一直很好，她跟老板说自己马上要结婚了，家里好多事，要装修买家具，要提前预订酒店……老板听完就给批了，我也很无奈啊。"

见到老板，谈完工作流程后，我问老板："小张的婚前准备假是你亲自批的？公司制度里明明没有这一项，你为什么要批呢？你们公司里女性员工占70%，其中未婚的大概占1/3，如果个个来找你批假，难道你都要答应吗?！"

第二位：老板的风格和墙上的价值观背道而驰。

这家公司的老板是一个根本不听他人意见的人，几乎所有的事情上都是一言堂。哪怕是高管决策权限内的事情，往往也会被他推翻，做决定的人还可能会招来一顿苛责。

于是，在实际工作中，决策机制与流程虽然存在，但时效性差、不敢担责、执行力差的情况比比皆是。更让人无语的是，这家公司墙上贴的价值观却是"尊重、创新、伙伴关系"。

第三位：小农思想的"大企业家"。

这家公司很有钱，是一家家族民营企业。父亲从 10 年前开始创业，现在由两个儿子接手，公司的管理层全是家族成员，财务和采购两个重要部门的主管是这两个兄弟的老婆。200 多人的公司，居然招了 14 个会计，其实 3 个就够用了。但这家人生怕外人知道公司一年能赚多少钱，财务报表都是一个会计做一小节，最后由这家人汇总拼起来。

采购部就更不用说了，里面的员工没有外聘来的，全是自家亲戚掌控原材料的进货环节。而且他们害怕工厂技术和生产人员看到原材料的厂家名，居然会在原材料被拉进工厂前，先在工厂外把桶上的包装全部撕掉，再把光溜溜的原材料桶运到厂里。

这家公司在本行业的细分领域里占全国 40% 左右的份额，产品出口到 20 多个国家。这么一个有前途的国产品牌，却止步于老板的小农思想，再没有什么好的发展前景了，这家公司也只能是一个富足的家族企业而已了。

第四位：老板控制不住的暴脾气。

这家公司属于日化行业，老板已经 68 岁了。他年轻时白手起家创办了公司，如今公司规模已经居市场前十位，可以说发展得相当不错。这家公司想做绩效管理和企业文化建设咨询项目，请我去谈了两次。做项目调查时员工跟我说："老板特别敬业，快 70 岁的人了，每天早上 6 点到公司，晚上 10 点才回去，一年 365 天至少要来上 360 天的班，他在公司的时候谁都不敢正点下班。他还经常待在生产一线，一看到员工有什么地方做得不符合他的要求，一脚就踹过去了……"

第五位：舍不得分享利润的小气老板。

这位也是市场占有率和毛利都挺高的企业的大 BOSS，因为想做绩效考核咨询项目而找到我。2018 年刚过完春节，工厂有三分之一的工人没有按时回岗，他了解以后知道有 30 多个工人被园区另一家同行加薪 15% 挖走了，其中还有两名车间主任。这个老板特别生气，把我们几个管理顾问一起叫去开会，全体员工都在。老板站在前排，对所有员工慷慨陈词道："你们都跟着我好好干，今年我会拿 100 万元人民币给你们发奖金，'五一'发一次，'十一'发一次，春节发一次！"底下的员工听完后，掌声雷动，士气高昂。

员工都信了老板的话，撸起袖子大干快干，第一季度的产值和销售额都超额完成目标。到 4 月的时候，老板又喊我过去了，对我说："我上次说'五一'发第一批的奖金，可是我现在不想发了，您是人力资源专家，能不能帮我设计一个绩效考核体系，把员工的考核难度提高，如果表现不好就拿不到奖金了。最后的结果不是我不想给他们发奖金，而是因为他们没达标所以拿不到奖金……"

第六位：喜欢搞钩心斗角的办公室政治的老板。

这是一家国企改制私有化的公司，因为行业好，公司的底子也不错，所以公司管理虽然乱七八糟，但销售额年年攀升。这家公司的老板去上过 EMBA，听了一节绩效管理平衡记分卡的课，特别有兴趣，于是找我们去做绩效考核体系。我们团队进驻公司后，先对管理层进行了一对一的访谈，了解公司现状。结果发现这家公司里的人际关系特别复杂，到处充斥着钩心斗角的办公室政治。做访谈时，每一个人都在说老板不好、副总不好、部门经理不好，最后访谈老板时，连老板也在说副总不好、部门经理不好。可是，到开公司内部的管理层会议时，所有人都面带笑容、和颜悦色，对老板和其他同事全是溢美之词，真是活生生的飙戏现场。

以上 6 位老板是我在工作中遇到过的反面典型。领导者的思想意识和行为方式对一家企业的文化来说至关重要，领导者是企业文化的灵魂所在。对于企业文化，一定要从老板本人那里重视起来，这样才有可能带动下面的员工一起执行。

接下来再分享几种我非常不认可的企业文化。

第一种：宣扬"公司就是家"，企业文化就是"家文化"。

好多公司都喜欢强调以"温情、和谐、平均"为主题的"家文化"，希望员工可以把公司当成家。老板是这个"家"的"大家长"，老板的七大姑、八大姨也都在公司中担任重要职位，每次公司召开管理层会议时，一眼望去，就像过年时吃年夜饭一样，都是认识的亲戚和家属。

这是一种十分错误的企业文化。管理者经常会存在这样一个观点，即企业老板需要成为父母官，应该以公司为家，但这种观点是不对的。公司应该是什么状态，需要回归到组织本身的属性上来讨论。

公司不是家，公司更注重的是责任、权利和目标，当目标无法实现的时候，公司就没有了存在的意义。当一家公司没有照顾到你的情绪而有效率的时候，这是一家正常的公司；当一家公司只有情感而没有效率的时候，这家公司迟早要出问题。

我的观点是，企业就是企业，企业不是家；同事就是同事，同事不是亲人。一家公司的成功取决于自身的产品质量，取决于企业的管理能力，但不取决于企业上上下下是不是真的"亲如一家人"。

我认可的是以"责任、结果和价值产出"为主的"绩效文化"。这样的企业文化才能真正使员工把全部心思放到工作上，也才能让企业的工作效率得到提高。工作是工作，生活是生活，家是家。同事是工作中的好战友，为相同的目标一起努力，互相配合；老板是老板，老板是领着我们做好工作、帮助我们成长的人；公司是公司，公司是我们的才华得以实现的平台。

第二种：过度宣扬"孝道"的企业文化。

好多民企老板喜欢拿中国传统文化说事，虽然本质上没什么问题，但企业文化最好不要与企业本身所处的行业文化、企业使命、价值观偏离太多。孝文化虽然是中国优秀的传统文化，但如果真要做成企业文化，未免让人感到有些偏颇。

据相关新闻报道，现在有的民营企业的制度里面会规定，员工必须拿出月工资的 10% 作为孝顺金，公司会把这部分钱直接打到员工父母乃至岳父岳母的银行账户上去。为推行该规定，公司还设置了其他的配套规定，例如在每周一，所有门店都必须关店进行内部学习，其中就包括了对孝文化的学习。

孝顺本身并没有错，做儿女的本来就应该孝顺父母，但孝顺不是做给别人看的。孝顺父母应该更多地体现在平时的点点滴滴上：有没有多看望、陪伴父母，有没有明确地知道父母尚未完成的梦想或喜爱的东西，然后用你努力工作赚来的钱，帮助父母在有生之年实现他们的梦想，让他们的每一天都过得开心，能为你而感到骄傲。而不是嘴上挂着，更不是公司硬性规定每个月工资扣 10%。

第三种：宣扬企业文化就是"感恩文化"。

很多企业一到年会、周年庆等重要场合，就会选择播放《感恩的心》，有时还会让员工上去一起跳手语舞。

曾经还有这样一条新闻，一家火锅店的全体员工在广场上集体跪拜领导，磕头高喊："感谢老总，给我工作！"老板后来辩解，公司的企业文化就是感恩文化，员工并不是真的在跪拜领导，而是在跪拜以老板为代表的企业文化。但说句实话，员工创造的大多数价值都被老板和股东拿去了，其实本质上是员工养着老板。如果真要感恩，应该谁"跪谢"谁才对呢？

每个人都是独立的个体，人格平等。所以双方应该处于平等的地位，员工付出劳动，老板支付薪酬，天经地义，无恩可感！

第四种：过度宣扬"佛教"的企业文化。

每个人都有信仰的自由，老板信佛本无可厚非，可如果把公司前台布置成佛堂，每天开早会组织员工上香，就真不能算是正规的企业文化建设了。而且这是一家快销品公司，"90后"员工占了70%，但在对外宣传时常常会用佛家用语解释企业文化内涵，这势必会影响到员工的正常工作，也会使员工对企业文化产生一定的质疑。

所以，企业文化所倡导的价值理念一定要合理，只有合理的价值理念才能通过良好的培育机制转化为先进的生产力、创新力、竞争力。否则，那些从根上就是陈旧而腐朽的企业价值理念，要么不可行，会遭到员工明里或暗里的抵制；要么强制灌输给员工，反而会起到适得其反的效果，且老板还会浑然不觉，至死不悟。

| 未来企业文化的方向和趋势 |

下面是我对中国未来的企业文化发展的一些个人预测，仅供创业者、老板思考，希望能给大家带来一些启发。

第一，创造一种高绩效、高效能的企业文化。

提供更符合时代潮流的培训机制，转变员工思维，在解决问题和从事工作时，摒弃旧的思维方式和常规做法，教会员工更多实用的工具和方法，在8小时工作时间内提高工作效率。

第二，创造一种全情投入、积极进取的文化。

第三，创造一种工作和生活动态平衡的企业文化。

随着物质生活越来越好，年轻员工对于精神层面的追求也更多了。了解他们，给他们更多私人空间，尽量不安排加班，使他们可以在工作时全情投入，在生活中享受快乐。

第四，创造一种使所有人乐于工作的文化，快乐的文化。

如今，更多的"90后""95后"年轻人希望工作时是快乐的，甚至有时候快乐比薪水重要得多。如果企业文化是快乐的，就可以让"90后""95后"员工有积极向上的工作热情，就能提高员工的工作满意度和工作效率。

比如迪士尼公司的企业文化是"为大众制造快乐"（make people happy）。只有当员工把工作看成一种制造快乐的方式时，他们才能真正地把快乐传递给游客。为了营造快乐的工作氛围，迪士尼公司在选用词汇和称呼时都别出心裁。公司没有"人事部"，只有"角色分派中心"；员工从事的职务不叫"岗位"，而是"角色"；员工不是"职员"，而是"演员"；每天上班换上的用于扮演角色的服装不是"制服""工作服"，而是"戏服"。迪士尼公司不认为乐园是员工的"工作场所"，而把它看成"为大众提供娱乐的大舞台"。在这里，不管是白雪公主的扮演者，还是普通的清洁工，他们都是乐园的"主人"。

第五，创造一种开放、信任，人与人能坦率地相互沟通的文化。

开放的文化，就是有什么问题都拿到桌面上来说，诚实公开地沟通，大家一起讨论、共同解决，管理层的大门随时向员工敞开。创造开放的文化需要企业多设立一些沟通渠道，这有助于员工迸发出新的多元化的想法，信息在企业内部也就可以通畅地传递和分享了。

企业要提倡员工之间互相信任。信任犹如一条纽带，如果没有信任，就会人心涣散，员工各行其是。相互信任才能更有效地工作，才能提高组织绩效，充分发挥组织活力。

第六，创造一种平等的文化。

互联网时代是一个去中心化、去权威化的时代，也就是说每个人都是一个中心，每个人都有自己的"品牌"。个性张扬的"90后""95后"员工越来越多，很难想象传统的权威式管理会带来何等的抗议，企业员工越来越需要平等的交流。员工应该只有职位的不同，但人格是平等的，如外企对领导的"直呼其名"、年会上大老板穿着草裙跳舞、生活中领导和员工打成一片等，都体现了最好的人格平等的企业文化。

第七，创造一种热爱学习、天天进步的文化。

员工持续不断地学习、进取，渴望超越现状，达到今年比去年有进步、今年比去年有成长的目标。公司要有完整的人才发展机制、晋升通道，并帮助员工做好职业生涯发展规划，设计自己的成才道路。

第八，创造一种自律、自我管理的文化。

员工主动工作，具有很强的自我管理能力，经常自省，摒弃旧的、错误的思维方式和常规程序，自动自发地工作。

第九，创造一种能体现企业社会责任感的文化。

我在飞利浦公司工作时，公司的香港管理层提倡员工周末去做公益，因此组织了植树、去养老院慰问、给贫困山区的小学赠送飞利浦小家电等活动。我在 2009 年时创立了名为"湖北多背一公斤"的公益组织，就是曾经的老板带我们做公益时埋下的一粒种子，如今这个公益活动我们已经坚持快 10 年了。

企业不仅是一个会赚钱的机器，因为有它，世界可以变得更美好。企业对社会的关爱，不仅仅是对社会的回报，也是主动与其所在的环境相互关联；企业对社会爱心的付出，不仅仅是企业文化的简单概念，也是企业基本的社会责任。一个企业发展的最终目的不是能创造多少财富，而是在于能给社会带来多少价值。

第十，创造一种追求自我价值实现的文化。

马斯洛需求层次理论明确指出，人类最高需求层次是自我实现的需要，这是个人价值的最高体现。像近几年比较流行的"合伙制"，就是企业对员工个人价值的释放。

|企业文化建立落地八步曲|

想要企业文化顺利建立和落地，不是简单地给某几个人分配工作就能做好的，推动企业文化落地应该是企业中每一个人的责任。简单地讲，老板需要负责牵引企业文化，HR 需要负责推动企业文化建设和落地，各级管理人员需要起到带领员工的先锋作用，以身作则地践行企业文化。员工对企业文化的感知是最直接、最敏感的，同时员工对企业文化的影响也是最根本、最广泛的。

像华为的最高层管理团队就把"塑造企业文化"作为自己的重要职责之一，这点值得民企所有管理人员学习。如果你是企业的 HR，一定会有这样的疑问，怎样才能让企业所有人都积极主动地推动企业文化落地呢？方法其实并不难，你只需要做一件事——把这件事纳入员工的 KPI 中。

在大多数外企里，企业文化是老板考核 HR 和部门负责人时非常重要的一个 KPI 指标。这个指标是量化的，叫"年度企业文化调查"，以问卷形式呈现。

扫描封底二维码，回复"企业文化调查问卷"。

好的公司应该具备什么标准？最重要的当然是能赚钱，能为客户提供好产品。此外，我的亲身体会是，员工自身的成就感也很重要。从这个角度来看，让员工不想辞职的公司便可以算是一家好公司了。像我以前工作过的外企，考核 HR 和部门负责人的一个年度 KPI 指标，就是该年度员工的离职率要小于 8%。制定 KPI 指标，不仅是为了考核 HR 和部门负责人的管理水平，更是对企业文化的一次检视。企业的领导也可以通过这项指标的考核来调整企业的文化发展策略，使企业文化可以更好地服务于企业的未来发展。

企业文化固然重要，但只有真正"落地"的才是有用的，才能给企业带来和谐的氛围、高效团结的团队、规范的行为、理想的业绩和良好的口碑。所以，企业领导不仅需要制定企业文化，更需要通过手段和政策让企业文化真正发挥作用，通过企业文化留住人才，最终达到促进企业发展的目的。

企业文化建设是一项系统工程，是现代企业发展必不可少的竞争法宝。对企业文化的打造也已被大多数企业领导所重视，但如何让文化很好地落地，则成为令管理者普遍头疼的问题。为解决这个问题，我独创了适合中小企业的企业文化建立落地八步曲，希望各位 HR、创业者和CEO 能从中学习到适合本公司的工具和方法。

第一步：塑造企业家精神，建立正向的企业价值观。

第二步：建立企业独有的文化理念，包括企业的愿景、使命、价值观等。

第三步：建立企业经营理念，找准管理者领导风格，制定企业战略目标并落地执行。

第四步：建立规范化制度，实行流程管理。

第五步：企业文化和企业战略落地工具——全面人力资源体系建设。

第六步：建立视觉形象，营造视觉氛围。

第七步：建立对内、对外的宣传平台。

第八步：员工各项福利的落地，组织各式各样、不断创新的，为员工所喜闻乐见的企业团建活动。

一、塑造企业家精神，建立正向的企业价值观

1. 企业家精神

"企业家"这一概念由爱尔兰经济学家理查德·坎蒂隆（Richard Cantillon）在 1800 年首次提出，指"从事冒险事业的经营者或组织者"。

"企业家精神"指企业家组织建立和经营管理企业的综合才能的表述方式，它是一种重要而特殊的无形生产要素。

我特别喜欢和欣赏的两家公司，一家是迪士尼公司，一家是沃尔玛百货有限公司。它们有一个共同点，就是都拥有一位伟大的、极具企业家精神的带头人。

沃尔特·迪士尼最伟大的贡献不是众多脍炙人口的经典电影，也不是风靡全球的迪士尼乐园，而是迪士尼公司及使观众充满无限快乐的超凡能力。

山姆·沃尔顿最伟大的创造不是"持之以恒的天天平价"的沃尔玛超市，而是一个能够以最出色的方式把零售要领变成行动的组织。

我自己也算是一个创业者，在创业的 12 年时间里，我总结了之前的经验，愈加认为创业即**积极地为自己，也为社会创造精神和物质财富的一种进取的行为。**

通过阅读管理类的书籍，我总结了几点自己理解和认可的企业家精神，在这里做一下分享。

（1）诚实和正直。

重视诚信，在经营中加强自律，把建立良好的信誉排在企业经营的第一位，正直的企业家会忠于自己的信念和原则，不妥协、不动摇。

（2）公平和公正。

出于公心，尊重事实，每一个人都会受到客观的评价，并得到与之相匹配的对待。公正的创业者不需要为了赚更多的钱而去勾结官僚，他们崇尚自由竞争、自我独立。

（3）创新和敬业。

从产品创新到技术创新、市场创新、组织形式创新、商业模式创新等，创新精神的实质是"做不同的事，而不仅仅是将已经做过的事做得更好一些"。货币只是成功的标志之一，对事业的忠诚和责任才是企业家的不竭动力。

（4）冒险和理性。

拥有"这个事我一定要去做"的冲动和决心以及"接受创业和经营企业潜在风险"的理性。

（5）独立和责任。

独立意味着你必须负起判断的责任，不应逃避。而且你要对自己的创业决定负责，对你的员工、对你的顾客负责。

如果一个企业家被认为是伟大的，那么他一定改善了很多人的生活，帮助他人获得了幸福，促进了社会的发展。所以，民营企业的创始人和高管一定要培养自己的企业家精神，这是企业文化成功落地的基石和保障。在企业创业、成长初期，创始人的企业家精神会对企业形成初始化效应，企业的领导者一定要对此引起重视。

2. 企业价值观

企业文化源于价值观。价值观是企业的经营指导思想，当它确定下来后，所有的员工（包括老板）都要遵循，特别是在企业利益和客户、员工、供应商利益出现冲突的时候，企业能否做到宁可牺牲企业利益也要维护当初定下的价值观，就是企业文化是否成功落地的一种典型表现。

（1）关于客户的价值观。

很多企业虽然嘴上喊着"客户第一，顾客就是上帝"的口号，但在现实中，它们的经营思路基本上都是如何从客户身上赚更多的钱。这样的企业，"赚钱"才是其价值观。

价值观是企业的第一要素，当企业行为与客户价值冲突时，宁可不赚钱也不能损失客户的价值，这样的企业文化才能得到客户的尊重和信任。

（2）关于员工的价值观。

你的企业是把员工当"人"，还是当"赚钱的工具"？

这也是价值观的一种体现，虽然企业表面上做了很多提高员工福利、关爱员工的行为，但出发点却是希望通过表面的福利、关爱让员工更努力地为公司工作和赚钱，这样的企业文化注定得不到员工发自内心的认可和信任。

在明确企业如何对待员工的价值观时，出发点应与利益无关，而应希望员工在企业中得到更多的成长、更高的收入，这样的企业文化才能得到员工真心的拥护和爱戴。

（3）关于管理的价值观。

企业有很多的价值观要明确，包括产品、品质、客户、员工、供应商、管理、营销等，这些价值观都将指导企业健康持续发展。

企业文化实际看得见的，就是员工在这个企业中表现出来的点点滴滴，所有企业行为的实质都是价值观的指引，而这些价值观的落地就是企业文化的最好体现。

二、建立企业独有的文化理念，包括企业的愿景、使命、价值观等

1. 为什么是独有

这两年，学习华为企业文化的课程越来越多，好多民企老板对此趋之若鹜。军人出身的华为老总任正非在中国开创了兵法治商的新型管理模式，最先提出了"狼性文化"的概念，他也由此获得了"中国狼性企业家"的美誉。

但华为的这套理论并不适用于所有企业，每一家企业的发展模式都有其独到之处，而且具有不可复制性。"狼性法则"是华为在关键时刻所倡导的一种原则，任正非并没有一味鼓励将所谓"丛林法则"引入职场生存规范，而是希望企业以长远的眼光，遏制员工在转型期出现浮躁和膨胀的恶性心态。任正非倡导的是"良性竞争，胜者为王"。他说："华

为只需要把利润保持在一个合理的尺度。"但大多数老板是不认同这句话的，企业的最大利润率才是他们的追求。

"狼性文化""床垫文化"真的适合你的企业吗？企业文化的建设是一个漫长复杂的系统工程，它要适合企业的实际情况，别的企业的成功经验，用在自己企业身上时却不一定有效。

欧洲企业注重人本自由和设计，在此基础上表现出强劲的满足个性特征的差异化能力；美国企业强调技术和创新，在此基础上表现出强劲的技术产业化能力；日本企业强调品质和服从，在此基础上表现出强劲的成本和品质能力。这些不同的价值取向决定了产品的内涵和管理的风格，使这些企业虽然经营模式有所不同，但都取得了成效。

2.建立企业愿景、使命、价值观的原因

美国著名管理学者汤姆·彼得斯曾经说过："一个伟大的企业能够长期生存下来，最主要的条件并非结构、形式或管理技能，而是我们称之为信念的那种精神力量，以及这种信念对全体员工所具有的感召力。"

一个真正优秀的、具备雇佣价值的人才，是不缺高薪 offer 的。以战略和竞争的角度来看，你出得起这个价，其他公司也出得起，钱对他来说是无差异的。对优秀人才来说，企业与企业之间的差异化就体现在代表企业使命、愿景和价值观的企业文化上。

以目前的竞争世态来看，创业比拼的主要是心力和愿力。没有使命愿景，在成就伟业的孤独路上，大多数人都会坚持不住。所以，对创业期和成长期的民企来说，需要建立起企业的愿景、使命和价值观，并以此作为企业发展的动力和支撑。

3.如何建立企业的愿景、使命和价值观

（1）企业愿景。

企业愿景（business vision），就是企业内成员共有的期望和长远的理想。回顾世界知名公司的发展史可以看出，凡是做大做强的企业，都有着明确且宏大的企业愿景，比如：

> •福特汽车的企业愿景：希望人人都能有一辆汽车，使汽车技术大众化。
>
> •阿里巴巴的企业愿景：让天下没有难做的生意。
>
> •迪士尼公司的企业愿景：创造发现快乐与实现梦想的地方。

企业愿景的设定要有阶段性，可分为 5 年、10 年、20 年等不同的时间点。需要注意的是，企业愿景不是指类似"明年业绩涨 20%"的话，这不是愿景，只能算是目标。愿景应该是企业的（阶段性）长期目标，而不是短期的计划。对于企业愿景，老板应该从更宏观的角度来思考和制定，争取使企业的愿景可以为人类更好地生存做出贡献。

（2）企业使命。

使命（mission），带有任务、责任的意思，指企业存在的意义及企业希望解决的社会问题等。

> •迪士尼公司的使命：视游客为家人，为他们创造一生难忘的回忆。
>
> •谷歌的使命：整合全球信息，使人人皆可访问并从中受益。

（3）企业价值观。

价值观（values），指组织内个体共有的或共同遵循的行为准则。企业的价值观就是指企业所坚持的做人做事的核心指导原则。

企业的价值观如何制定？创始人本身最重要的个人价值观是什么？什么价值观让人显得与众不同？你想和什么样的人共事？他们的价值观是什么？你不想共事的人有什么样的价值观？

在提炼出以上问题的关键词后，你会发现总结出的都是一些虚泛的词，而且对同一个问题，每个人的理解也不尽相同。比如有的人认为有礼貌的表现是见面打招呼；有的人则认为有礼貌的表现是面带微笑；而沃尔玛培训新入职员工时，"礼貌"是指顾客距离你 3 米时，你就要朝顾客微笑，并且露出 8 颗牙齿。

所以，价值观还需要企业用具体的行为规范来指导和践行，并以此统一员工思想。比如飞利浦公司的价值观就通过各种行为和实践给了统一的解释，分别是：

• 客户至上：致力于了解和超越客户期望，遵循客户至上的原则，从而在市场上建立持久的领导地位。

• 言出必行：追求卓越，严格实现承诺。

• 人尽其才：相互协作，激发创造力，充分发挥创造性和企业家精神，挖掘员工的最大潜力。

• 团结协作：在透明和相互信任的工作环境下，充分发挥自身和合作伙伴的优势。

每个企业都有属于自己的文化基因，那些曾经的欢笑、泪水、艰辛、拼搏、团结都是企业文化特有的 DNA，支持企业活下来并不断发展的精神是企业文化和价值观的精髓。价值观对于企业来说，不仅是创造，更多的是找寻、提炼和放大！

知名企业中也不乏这样的典型例子，比如惠普的核心价值观是：

• 相信、尊重个人，尊重员工；

• 追求最高的成就，追求最好；

• 做事情一定要正直，不能欺骗用户，也不能欺骗员工，不能做不道德的事；

• 公司的成功是靠大家的力量来完成的，并不是靠某个人的力量来完成的；

　　·相信不断的创新，做事情要有一定的灵活性。

　　一个有作为的创业者、CEO，更需要时刻提醒自己思考下面的问题：

　　·企业生存和发展的目的是什么？

　　·企业的最终奋斗目标是什么？

　　·产品如何被人们所接受？

　　·如何制造出最好的、最有竞争力的产品？

　　·怎样把最好的人才集中到公司里，并充分调动他们的积极性？

　　·如何提高员工的战斗力，以团队的力量去战胜一切？

　　·对于企业以及我个人来说，以上这些价值观意味着什么？

　　把以上问题考虑清楚之后，再问自己："我的企业应该采取哪些行动，才可以打造出真正的企业文化，建立自己独有的企业文化理念：企业愿景、使命、价值观呢？"

　　回答这些问题并付诸行动，就有机会显现出企业文化的力量。而拥有这种力量，便可以推动企业管理者在不断变化的环境中保持清醒的认识，让企业运行在正确的轨道上，并保持优越的竞争位置。

　　这里，举一下阿里巴巴公司的例子。阿里巴巴拥有六大核心价值观，围绕着公司的愿景目标、使命和价值观构筑出关于雇佣、培训和绩效评估的公司管理系统。当新员工加入阿里巴巴时，他们需要在杭州总部参加为期两周的入职培训和团队建设课程。这种培训可以让新入职的员工体会到积极、灵活和以结果为重的公司氛围。无论未来身在何处，每一个员工都能共享价值观和企业文化。

对价值观的建设和培训一直是阿里巴巴成长的重中之重，"如果员工与公司价值观不符合，那么他的能力越大，破坏力也就越大"。在 2003 年，阿里巴巴甚至把价值观纳入绩效考核体系中，同时把考核权重比例调整到了惊人的 50%。在阿里巴巴的招聘过程中，也曾多次出现因价值观不符而拒绝录用"高精尖"人才的现象。

对于阿里巴巴的企业文化，马云曾经做过这样的总结："阿里的成功很大一部分归功于文化，我们把实的东西虚着做，而把虚的东西做实了！文化的最终就是'言行举止'，它一定是看得见、摸得着、听得到的东西。"

下面和大家分享一下我们公司的企业文化内容。

武汉越秀人力资源服务有限公司，创立于 2006 年。

我们的服务对象和产品：针对个人和民营企业的"人力资源管理"培训和咨询服务。

我们的愿景：成为中国民营企业和 HR 首选的人力资源管理基础培训和咨询的服务商。

我们的使命：助力中国十万人力资源新人入行、学习、成长，并快乐幸福地生活；帮助中国上万家民营企业建立人力资源基础管理系统，推动人力资源管理在民营企业中的应用。

我们的价值观：

全情投入：对工作、生活的投入程度。

积极进取：勇于克服困难和挑战。

天天进步：每天积极改善我们的素质和才能。

终身学习：积极吸取他人的经验改善自己，从自身的成功及错误中学习。

三、建立企业经营理念，找准管理者领导风格，制定企业战略目标并落地执行

1. 企业经营理念

企业的经营理念是指企业内系统的、根本的管理思想，企业内的管理活动都需围绕这个根本的核心思想进行设计。经营理念决定企业的经营方向，它和使命、愿景一样是企业发展的重要基石。

经营理念是企业在经营上必须达到的全面性境界，因此也可以说是企业追求利益、经营战术战略的核心，是企业经营思想、意识、方法提纲挈领的心脏，是董事长、总经理以及全体一线人员行动的总目标，不能轻易更改。

如闻名全球的大型跨国连锁餐饮企业麦当劳，他们的经营理念可以用几个简单的字母来表示：Q，S，C，V。虽然简单，却让员工一目了然，可以让员工在短时间内了解麦当劳的企业文化，帮助员工更快更好地融入企业中。

麦当劳的企业经营理念：

- Q 是 quality（品质）；
- S 是 service（服务）；
- C 是 clean（清洁）；
- V 是 value（价值）。

十几年前，苹果公司还处在破产的边缘，如今，它已成为全球最令人艳羡的科技公司之一。乔布斯在苹果公司从起死回生到迅速腾飞的过程中，起到了不可替代的关键作用，他也把自己的企业经营理念完美融入苹果公司，并取得了巨大的成功。

苹果公司的企业经营理念：

- 与竞争对手合作；

- 开发亮丽性感的产品；

- 变革原始的商业规划，树立新的发展蓝图；

- 开创新的解决方案来逾越看似不可逾越的障碍；

- 主动告诉消费者他们需要什么，不能消极地等待消费者的信息回馈；

- 连点成面；

- 员工雇佣标准不能千篇一律；

- 鼓励别人以不同的方式思考；

- 使产品简单化；

- 销售的是梦想，而不仅仅是产品。

目前美国最大的电子商务公司亚马逊的 CEO 杰夫·贝佐斯在其发布的致股东的 2017 年度公开信中，列出了亚马逊公司的四大经营理念：

- 做趋势的追随者；

- 以客户至上为中心；

- 抵制形式主义；

- 高质量高速的决策。

沃尔玛创始人山姆·沃尔顿先生通过自己的经营理念，成功地使沃尔玛成为全球知名的零售业公司之一。

沃尔玛的 10 条企业经营理念：

第 1 条：敬业。

第 2 条：分享你的利润。

第 3 条：激励你的同事。

第 4 条：尽可能地与你的同事交流沟通。

第 5 条：感激你的同事为公司做的每一件事。

第 6 条：成功要大肆庆祝。

第 7 条：倾听公司中每一位同事的意见。

第 8 条：超出顾客的期望。

第 9 条：比对手更好地控制费用。

第 10 条：逆流而上，另辟蹊径。

综上，要想使一家企业达到永续成长、永续繁荣，就必须遵守下面几个原则：

（1）制定合于企业的经营理念；

（2）秉承经营理念，制定合于时代潮流的经营战略，不断提升良好形象；

（3）正确运用推动原则，以求达到制定的目标。

2.管理者领导风格

领导风格是指领导者的行为模式。领导风格在长期的个人经历、领导实践中逐步形成，并在领导实践中自觉或不自觉地稳定起作用，具有较强的个性化色彩。每一位领导者都有与工作环境、经历和个性相联系的，与其他领导者相区别的办事风格，有时偏重于监督和控制，有时偏重于表现信任和放权，有时偏重于劝服和解释，有时偏重于鼓励和建立亲密关系。

作为领导者，你的领导风格该由谁来评价呢？

其实，领导风格的实质是领导者待人接物的行为模式，所以每个人的领导风格都是他带给别人的"感受"，也可以说是"印象"。有专家指出："领导者的领导风格是根据领导者在他人眼中的表现来确定的。这与领导者如何看待自己无关，而是与他们想要影响的被领导者的看法有关。"

杰克·韦尔奇曾说："我们必须让正确的处事态度渗透到公司每一个

员工的头脑里。我们要创建一种环境，允许人们——事实上，应该是鼓励人们——按照事情的本来面目看待事情，要按照事情自身的方式，而不是自己的主观愿望的方式，来处理事情。"领导者需要以身作则。领导者说什么，员工未必相信，但领导者做什么，员工一定会相信，领导者需时刻注意自己的行为是否与企业文化一致。华为总裁任正非 72 岁高龄仍然独自乘坐机场摆渡车，排队等出租、坐地铁，就很好地诠释了华为坚持以奋斗者为本，强调贡献、责任和牺牲精神的企业文化，也带动了华为员工坚持艰苦奋斗。

也许你自认为是一个善解人意的主管，或者是一个善于聆听的经理，但如果你的被领导者认为你很强势、自以为是，那么，对于你的领导风格的评价就已经形成了。

在本书后面的绩效管理模式章节会提到管理层 360 度评估，这是一种在人力资源管理实践中常用到的评估工具。公司的管理层如果对自己的领导风格不能确定，就可以做一下领导力的评估测试。

根据丹尼尔·戈尔曼（Daniel Goleman）的研究，一共存在 6 种领导风格，每一种领导风格都源于组成情商的不同部分。掌握了 4 种或者更多领导风格——尤其是远见型、民主型、关系型以及教练型的领导人——往往会营造出最好的工作氛围，并取得最好的绩效。管理者需要深入了解这几种领导风格，找出自身需要修炼的地方，努力完善，这样才有可能使自己的领导风格达到最佳。

管理大师埃德加·沙因（Edgar H. Schein）也指出，领导者的 6 类行为对企业文化的塑造起着重要的促进作用，包括领导者定期关注、衡量和控制的效果，领导者对重大事件和组织危机如何做出反应，领导者如何分配珍贵资源，领导者特意做的角色塑造、教育和培训，领导者如何分配奖赏和地位，领导者如何招聘、甄选、晋升和解雇组织成员等。这些管理行为是领导者最需要关注的，也影响着企业文化的形成和扩大。

下面，就给大家详细介绍一下这6种领导风格。

第一种：远见型领导风格。

远见型领导会动员鼓励员工为了一个共同的想法而努力。同时，对每个个体采用什么手段来实现该目标往往会留出充分的余地。此类领导者的情商基础：自信，移情能力，主动改变激励方式。

适用情形：几乎所有的商业情形。

不适用的情形：有个别情况下不宜使用，比如与该领导在一起工作的是一个由各种专家组成的团队时，或者是一些比他更有经验的同事时。

第二种：关系型领导风格。

关系型领导者会以人为中心，努力在员工之间营造一种和谐的氛围。此类领导者的情商基础：移情能力，建立人际关系，沟通。

适用情形：这是一种不受情况约束的风格。遇到下列情况时尤其应该使用：需要建立和谐的团队氛围，增强团队士气，改善员工之间的交流，以及恢复大家之间的信任时。

不适用的情形：不宜单独使用。由于这种领导风格千篇一律地对员工进行表扬，所以它可能会给那些绩效较差的员工提供错误的导向，可能会给人感觉在这个组织中平凡是可以被容忍的。它应该与远见型风格结合使用。

第三种：教练型领导风格。

教练型领导发展人才以备将来之需。他会帮助员工确定自身的优势和弱点，并且将这些与他们的个人志向和职业上的进取心联系起来。教练型领导非常擅长给大家分配任务，为了给员工提供长期学习的机会，往往不惜忍受短期的失败。此类领导者的情商基础：

发展别人，移情能力，自我意识。

适用情形：当人们"做好准备"时，这种领导风格最有效果。比如，当员工已经知道了自己的弱点并且希望提高自己的绩效时，员工意识到必须培养新的能力以进行自我提高时。

不适用的情形：当员工拒绝学习或者拒绝改变自己的工作方式时。

第四种：民主型领导风格。

这种领导方式的特点是通过大家的参与达成一致意见。此类领导者的情商基础：协调合作，团队领导，沟通。

适用情形：当领导对组织发展的最佳方向不明确，且需要听取一些能干的员工的意见，甚至需要他们的指导时。

不适用的情形：这种领导风格最让人头疼的问题是它会导致无数的会议，很难让大家达成一致意见，所以在危机时刻不宜使用。

第五种：示范型领导风格。

示范型领导会树立极高的绩效标准，并且自己会带头做榜样。这种领导在做事情时总是强迫自己又快又好，而且他们还要求周围的每一个人也能够像他们一样。此类领导者的情商基础：责任心，成就动机，开创精神。

适用情形：当一个组织所有员工都能够进行自我激励并且具有很强的能力，几乎不需要任何指导或者协调时，这种领导方式往往能够发挥极大的功效。

不适用的情形：不应单独使用。示范型领导对完美的过度要求会使很多员工有被压垮的感觉。

第六种：命令型领导风格。

命令型的领导需要别人的立即服从。此类领导者的情商基础：成就动机，开创精神，自我控制。

适用情形：在采用命令型领导风格时必须谨慎，只有在绝对需要的情况下才可以使用，诸如一个组织正处于转型期或者敌意接管正在迫近时。

不适用的情形：如果领导在危机已经过去之后，还继续使用命令型领导风格，就会导致对员工士气以及员工感受的漠视，而这带来的长期影响将是毁灭性的。

3. 企业战略与落地执行

战略和执行是两个相互影响、相辅相成的问题：没有一个好的战略，企业注定走不远；没有一个好的执行措施，企业肯定做不起来。一旦决定战略以后，企业就必须上下一心、百折不挠地坚持下去，千万不能回头，否则企业不但不会获得成功，反而会遭遇更大的失败。

塔吉特（Target）公司经过数年的努力，终于成为全美仅次于沃尔玛的第二大平价零售商。塔吉特公司的成功得益于其清晰的战略战术和下属认真的执行。这家公司的目标非常明确，即以传统百货商店的形式为顾客提供货真价实的商品，它的价格定位是"让顾客以超值价格获得舒适感"。商店的布置窗明几净，商品的陈列井然有序，给顾客提供充足的优质货源，这些都使塔吉特公司的业绩节节攀升，市场影响力也不断扩大。

所以，企业战略的制定及最终落地对于企业的发展有着不可忽视的影响。企业的使命、愿景、价值观，如招聘人才的角度、组织体系的建设、KPI 的挖掘等，都是由企业战略决定的。企业战略的平稳落地，需要靠建全人力资源管理体系、建立 KPI 考核制度等工具来实现。

作为全球最大的咖啡连锁店（在全球拥有 2500 多家分店），星巴克（Starbucks）公司的价值观是："我们对待员工的方式影响员工对待顾客的方式，顾客如何对待我们则决定了我们的成败。"这个信仰使星巴克公司设计了大量有针对性的人力资源管理原则，以提高员工被重视的感觉，进而提高其对顾客的服务质量，扩大企业文化及战略的影响力。

企业的使命、愿景、价值观渗透于企业的日常决策、流程、资源分配中，奖惩制度不应该是挂在办公室墙上的装饰品，而应该是公司在经历生死攸关、重大利益抉择时起决定性作用的条款或规则。员工需要足够强大的驱动力，才会心甘情愿地做企业想让他们做的事，而这就是 KPI 必须存在的原因。KPI 不仅是为了完成使命，促进愿景达成，它更象征着这家企业所推崇的主流思想，规范了员工做出哪些体现价值观的行为会被奖励或处分等。也就是说 KPI 保证了企业使命、愿景、价值观的落地。

四、建立规范化制度，实行流程管理

1. 建立规范化制度

企业文化必须体现在企业的机制、组织、流程和制度之中，并能够得到后者的强力支撑，否则企业文化会永远停留在假设层面。

制度来源于人，又作用于人。企业文化是群体的行为习惯，行为习惯持续久了就会"积习成俗"，变成人们常说的风俗、习俗。荀子说："名无固宜，约之以命，约定俗成谓之谊，异于约则谓之不宜。"（引自《荀子·正名》）商鞅说："制度时，则国俗可化而民从制。"（引自《商君书·壹言第八》）苏辙说："法立于上则俗成于下。"（引自《河南府进士策问三首之一》）

从这个角度讲，企业文化其实是法规制度的产物，是法规制度"瓜熟蒂落"的结果。没有法规制度的支撑，任何打造企业文化的举动要么是画饼充饥，要么是拔苗助长。比如，有些企业试图把创新当作企业文化来经营，那创新来源于哪里？来源于员工的创造性。员工的创造性又来源于哪里？来源于工作的积极性。员工的工作积极性靠什么激发呢？是靠管理者的反复强调？是靠几句至理名言？是靠名人励志故事？是靠几条口号标语？是靠精美的板报橱窗？是靠员工的思想觉悟？这些都靠不住，唯一靠得住的就是公司科学系统的各项规章制度、用人制度、激励制度、绩效评估等法规。

在民企的制度建设中，我认为最重要的两个制度，分别是"员工手册"和"绩效管理制度"。

（1）员工手册。

我个人非常推崇员工手册，它是每家外企都有的且非常重视的一个文件，这也是民企会疏忽并认为是可有可无的地方。企业员工手册作为企业的缩影，对于企业文化的传播和落地具有非常重要的意义。

在阿里巴巴的企业文化案例中，价值观部分提到了"底线"，底线就是高压线制度。企业领导者一定要在员工手册中严令禁止严重违反价值观的行为，并且要让每一位新入职的员工都明确了解，这些行为是绝对不能有的，一旦有人做了，公司即使付出代价，也要对这个人做出惩罚或清理。同时必须让所有员工都看到，触犯这条高压线后，公司坚决的态度和果断的决定。

格力的一位资深管理人员曾经违反规定给经销商发货，董明珠知道后，给予他严厉的处罚，不仅对他罚款、降一级工资，还通报给了全公司。为此，她得罪了公司的很多老员工。但是，这次处理对其他员工起到了震慑性作用，员工此后都自觉地以制度为标准的工作理念，违反规定的现象自然少了很多。

其实在每一个冷冰冰的制度背后，都有一个温暖的初衷，正如设立制度本身不是为了让员工感到麻烦，而是为了让员工免受诱惑，看到限制，才有真正的自由。

（2）绩效管理制度。

价值观如果不被考核和检查，是很难真正起到作用的。大多数员工不会主动做重要的内容，只会做需要考核和检查的内容。但因为价值观往往比较难评估和衡量，所以，很多民营企业并不知道如何进行检查和考评，才能有标准地对应到员工的奖金、晋升、涨薪上去。价值观是企业精神的倡导和发扬，如果想让员工的言行符合甚至超越企业价值观，还需要相应的奖励措施作为辅助。

当企业开始制度化时，组织就产生了超越个体能动性的力量，就有了生命力。当一个企业组织在持续进行制度化之后，对企业成员来讲，哪些是正确的行为模式就可以一目了然了。企业管理特色，也就成为不言而喻的企业文化，所以，法规制度就是企业文化的初原，也是打造企业文化最简单、直接、有效的方法。

2.实行流程管理

管理流程，按照教科书上的定义，是指以控制风险、降低成本、提高服务质量、提高工作效率、提高对市场的反应速度，最终提高顾客满意度和企业市场竞争能力并达到利润最大化和提高经营效益为目的的流程。

所谓工作流程，是指完成工作任务的事项的流向顺序。工作流程包括很多内容，比如工作过程中的环节、步骤和程序等。通俗地说，工作流程就是要明确完成任务需要做什么，怎么做，按照什么顺序做。在具体的工作实践中，领导者头脑里要有一个清楚的"箭头"，即在面对冗杂的工作内容时，要懂得抽丝剥茧，准确地判断出应该先做哪一步，再做哪一步，从而建立一个能减轻工作压力、提高工作效率的工作流程。

外企非常注重流程管理，每个部门都会制定5~8个重要的工作流程，比如我做HR时，就写过校园招聘流程、绩效管理流程、薪酬发放流程等，KPI的指标设定也会从这些流程中提炼。久而久之，员工就会逐渐习惯在一个有规范化制度体系和标准工作流程的公司中工作，工作效率自然会得到提高。

企业推行流程管理，便可以获得更多的收益，比如提高企业资源的使用率，激励员工更高效地工作，提高企业提前预判的能力，减少企业内部的培训成本，减少重复的工作，等等。

下面是我以自己的经验并结合相关书籍总结出的几点注意事项，供大家参考。

第一，找对的人制定工作流程。

如果公司希望制定的流程和规范受到员工重视，能切实落实下去，并为员工提供简洁、高效、顺畅的操作方法，就必须找各部门经理、总监来亲自做这项工作。因为他们是对业务运作、各类管理要求以及流程设置和落实有丰富经验的人，只有他们才能真正把工作流程做得符合本部门的实际要求，才能使员工真心地接受并按这些流程行事。

如果缺失任何一方面的经验，那么制定出来的流程与实际就会是"两层皮"，造成漏洞百出的情况。看起来高大上、符合管理要求的流程，就会变成烦冗复杂、为"规范而规范"、让人怨声载道的繁文缛节。还有的公司流程仅把制度上或日常运作的几个简单动作拼凑起来，既起不到全面支持工作、衔接各部门/岗位、提高效率的作用，也达不到落实公司管理层监管要求的目标。更有甚者，制定出来的流程就是一套又一套的流程图文档，除了看起来"规范""好看"，结果只能是被束之高阁。

所以，找对的人梳理和制定流程就十分有必要了。一个完善的工作流程不仅会减轻员工的工作压力，还有助于领导者站在全局的角度来管理团队，员工的执行力和工作效率才会比较高。

第二，流程要做得相对完善、简洁、实用。

任正非在一次华为质量和流程 IT 管理部员工的座谈会上表示，"流程是为作战服务，是为多产粮食服务，不可持续的就不能永恒，繁琐的管理哲学要简化"。

美国通用电气原 CEO 杰克·韦尔奇也说过:"管理效率出自简单。"其实是一样的道理。

第三,对流程进行定期或不定期的优化。

流程管理的服务目标和对象即"计划—开发—实施—执行—持续改进"这 5 个方面。比如我以前工作的公司,每年 12 月会组织一个有关工作流程的会议,上下游相关部门的同事被召集在一起开会、复盘,提出修改意见,优化升级。第二年遵照新的流程执行,到年底或紧急必要时会再次开会讨论优化。流程优化不仅仅指做正确的事,还包括如何正确地做这些事。

第四,最重要的前提:老板的重视。

制度和流程都是人定的,可以调整的。但人都是有惰性的,让员工主动调整已经习惯的工作方式会遇到很大的阻力,改变流程动了部分员工的"奶酪",也会引起他们的强烈反抗。制定流程的时候有时难以兼顾到各方利益和所有规范,所以得有大老板在后面支持,并最终拍板。执行的时候有人喜欢钻空子,还有各种"特权人员""特殊情况"出现,如果没有上级的"令箭",怎么能让员工全部遵照执行,怎么应对各种"紧急业务需求""领导紧急要求"的出现呢?规范只要被打破几次,就没有任何公信力可言了,流程也是如此。所以,公司的流程,尤其是新改的流程,一定要通过领导的重视和支持来实现。

综上所述,把制度设计与流程优化有机整合,把员工利益和企业利益均衡融合,让企业老板和员工成为利益共同体,真正心往一处想、劲往一处使,就可以使企业建立起规范化的制度和流程。

五、企业文化和企业战略落地工具——全面人力资源体系建设

企业文化与人力资源管理各大模块协同演进,是研究企业文化如何提升企业竞争的无形资产,也是企业生存和发展的原动力。企业要发展,

离不开企业文化建设，更离不开企业人力资源管理。而人力资源管理需要适应企业文化，把企业文化的内在精神实质变成显化的使众人认可的规章制度，以此提升员工绩效，创造企业经济效益，这就是企业人力资源管理的重要课题。

1.民营企业人力资源管理与企业文化建设发展的四个阶段

（1）创业期。

这一个阶段企业刚刚成立，没有明确的使命、价值观和愿景，企业文化建设处于初期状态。相应地，人力资源管理同样处于不成熟的状态，没有清晰的人力资源规划。企业人力资源部分还在建设中，员工也处在补充调换过程中，没有任何历史数据可以参考，各个岗位关于职责、任职资格的描述还比较笼统和粗略。企业没有形成规范的招聘、绩效管理办法，也没有完善的薪酬管理体系和培训体系。

（2）成长期。

随着企业的发展，管理者的经验不断积累，员工对自己的岗位有了进一步的熟悉和了解。管理者认识到了企业文化的重要性，对于企业的文化发展有了大致方向，但还不是很成熟。员工之间默契度有所提升，人力资源管理有了一定的发展，开始制定企业初级的人力资源规划，有了一些方便统计的数据，有了简单的招聘管理、绩效考核管理和薪酬管理的制度。

（3）成熟期。

企业发展到一定的规模后，便会提出企业的宗旨和精神，形成企业文化的理念或要求。人力资源管理达到比较成熟的水平，有了较为完善的招聘管理、绩效与薪酬管理制度，考核结果与奖金分配开始挂钩，企业开始为员工定期举办培训讲座或鼓励员工进修学习。

（4）持续发展期。

企业进一步发展，规模继续扩大，企业文化逐步形成，并开始打造、宣传自己的品牌。人力资源管理进一步成熟，使招聘管理、绩效与薪酬管理开始制度化、政策条文化、操作可重复化。人力资源管理在组织战略中得以体现。

2. 建立融入企业文化的人力资源管理体系

（1）招聘模块：带着文化理念去选人。

面试考察候选人时，企业价值观的匹配度有时比学历、经验还要重要。马云曾说："要寻找很多相同价值观的人，找那些味道差不多的人，找那些开心的人，给员工一个梦想，同时不断地实现这些梦想。"

企业文化归根结底，还是这个企业的成员所表现出来的价值观和行动的趋同性。人是企业文化的最终载体，一家公司需要什么样的人，招募什么样的人，很大程度上决定了这家企业对文化的期望，又反过来影响这家企业的文化的最终走向。

（2）人力资源规划模块：管理层360度评估、人才梯队培养，都是企业文化落地的表现。

（3）培训与员工职业规划模块：比组织和流程再造更重要的是企业环境和对人的思想的再造。

一名员工在加入一家新公司后，大致会经历以下几个阶段：发现—认知—认可—追随。企业一定要据此做完整的企业文化培训，增强员工对企业的信任感和认同感。

企业文化建设以价值观塑造为核心，以提升企业绩效和管理水平为目的。优秀的企业文化包含2个要素：核心理念是否正确、清晰与卓越；这种理念是否能够宣传贯彻下去，让每名员工认同并体现在自己的实际工作中。很多企业并不缺乏优秀的文化理念，这些理念在不同企业间没有本质差别，但体现在工作方法与行为上时，却有本质的区别，这就需要通过构建完整的企业文化培训体系来使全体员工了解企业理念是什么，如何将企业理念与自己的实际工作结合起来。

（4）绩效薪酬模块：这是最重要的一个观点，企业文化一定是以"打造企业卓越绩效"为导向的，因为企业文化的核心是绩效文化。

企业通过经营行为满足客户的需要，实现自己的功利目标，并通过管理来提升效率，实现盈利目标的最大化。企业的盈利目标能否实现，企业能否持续地生存和发展，这些问题的解决主要在于组织内部成员的价值创造能力，即员工的持续的高绩效行为。

高效率来自于组织的简约、流程的畅通、工艺的改进、工作的熟练和员工的职业化，而这些都归结为企业的内部管理。一个低效率的企业无法在市场上长期立足，除非它是垄断企业。

IBM文化的内核就是"高绩效文化"，其原CEO郭士纳认为："最优秀的公司领导人会给自己的公司带来高绩效的公司文化……作为IBM的领导人，你当然需要领导的规划和具体的项目。但是你的职责还包括带领员工建立工作团队，并创立高绩效的企业文化。""拥有高绩效文化的公司，就一定是商业领域的赢家，而且该公司的员工对公司的忠诚程度也很高，除了自己的公司不愿到其他任何公司去。"

杰克·韦尔奇也认为："我们的活力曲线之所以能有效发挥作用，是因为我们花了10年的时间在企业里建立起一种绩效文化。"

通用电气公司的企业文化与IBM的企业文化在文字表述方面毫无相似之处，但两位CEO的话揭示了其企业文化中更深层次的共同点，这就是企业文化背后的共性：绩效。这也是成功企业的文化背后所拥有的相同的价值主张。

（5）劳动关系与员工关系模块：具体操作方法详见本书第九章的内容。

企业做薪酬福利、奖励激励、招聘、选育、提拔、考核等内容，最终都是为了给组织留下一些可以传承的东西，这些东西看不见、摸不着，是在组织中形成的组织与成员相互的默契。这种默契，让组织在成长过程中的每一个重要决策点上都能避过一些坑，让文化能够传承到每一代掌权人手中。这种文化，能让组织的决策成本、沟通成本、执行成本大幅度降低，能让组织在成长的过程中依然保持当初的风华正茂。

六、建立视觉形象，营造视觉氛围

"发于心，出于形"，企业有了独特的企业文化后，需要通过视觉形象来体现它。

1. 企业标志

（1）有创意的公司 logo。

人们一般习惯称公司的标志为"logo"，有概括性、象征性、唯一性的意思。当人们看到一个熟悉的企业标志后，就会关联起自己对这个企业的综合认知。

（2）员工统一制服。

企业制服是企业为了自身形象统一为员工订制的服装。企业制服最容易唤起员工的集体意识，因为制服上有公司的标志，在集体荣誉感的驱使下，员工自然会将最好的行为习惯表现出来，这无形中也向外界传递出了企业的文化。只是要注意一点，制服的设计要美观大方，符合时代流行元素，还要考虑实用舒适，和企业的主色彩配合。

（3）场景应用。

对前台接待区重点装饰、把握公司整体装修风格、摆放一些造型奇特的办公家具，许多互联网公司的办公室因此变成了企业最大的标志。此外，企业独有的造型、雕塑和纪念性建筑也是代表企业文化的最好标志。

（4）印有企业 logo 的各种用品。

如设备，车辆，办公用品（比如名片、工卡、茶杯、笔记本、制度文本等），建筑物，公司或厂房里的标语、口号，宣传册，手提袋，信纸，信封，员工电脑统一的屏保，企业纪念品等，都可以印上企业 logo。

（5）厂旗／司旗、厂歌／司歌、厂徽／司徽、厂花／司花。

应用产生传播，传播产生交互，交互产生影响，一个没有被广泛应用的企业标志，会让企业失去很多传播交互的机会，一个没有广泛传播交互的企业，就失去了强化品牌和口碑的机会，其企业文化的社会影响力也被削弱了。

企业标志是企业区别于其他企业的重要标志。让人一眼就能清楚识别出来的标志，就是成功的企业标志，有利于树立企业形象，提升企业的品牌影响力，提高消费者对企业的好感度与喜爱度。企业标志是企业的形象工程，更是企业文化的综合体现。而且企业标志能潜移默化地增强员工对企业的归属感与认同感，增强员工的凝聚力，维护企业树立的良好形象。

2. 企业代表色

飞利浦的主题色是蓝色，同颜色的还有联想、格力、百度等企业；可口可乐、华为、京东、肯德基、王老吉等企业选择的是红色；阿里、麦当劳、7 天连锁酒店等选择黄色；新东方、中国邮政、青岛啤酒等选择绿色；还有选择黑色的，如兰蔻、顺丰等。

3. 企业形象代言人

形象代言人的职能包括通过各种媒介宣传、传播品牌信息，扩大品牌知名度和认知度，参与公关及促销，与受众近距离的信息沟通，并促成购买行为的发生，树立品牌美誉度与消费者忠诚度。一般企业常用到的是下面这 6 种代言：

• 品牌创立人形象代言；

- 社会名人形象代言；
- 影视明星形象代言；
- 虚构人物形象代言；
- 吉祥动物形象代言；
- 动漫卡通形象代言。

现在，越来越流行企业创始人为自己的企业做代言人了。罗永浩、董明珠、周鸿祎、雷军、丁磊等企业老板利用自己的形象，为自家产品宣传已不是什么新鲜事。把公司品牌和创始人形象关联起来是一个非常不错的品牌策略，在对外的产品宣传中更容易让人产生共鸣和欣赏。这种品牌和人物合二为一的传播模式，恐怕会成为未来主流的企业宣传模式。

4. 企业仪式庆典

企业要想让员工对企业产生归属感，就要定时定期举行各种激动人心、能充分调动员工积极性的仪式，如欢迎仪式、培训仪式、庆功仪式、年会等。有时还要举行节日庆典、劳动竞赛等活动。这些都是企业文化外延与实质化的最好表现。

5. 办公室环境

环境也能体现公司的文化。办公环境的整洁和秩序会带来安全感、稳定感，能让员工集中注意力，提高工作效率。创业期和成长期的民企，虽然不一定有实力租特别大的办公室，但一定要把办公环境整理得井然有序。

比如功能完整且有分区的办公室环境，配上简洁时尚的办公家具，再放一些绿色植物，用标语、口号设计一面时尚漂亮的文化墙。这些手段不仅是为了塑造企业文化的个性与形象，而且可以让员工感受到企业的"气场"，能够激发员工投入更多精力和能量去积极主动地工作。

七、建立对内、对外的宣传平台

1. 企业文化墙

它是指在企业硬件环境布置中，具有文化展示功能的一面"墙"。文化墙可以用低成本、高价值、易操作的方式体现与彰显公司的文化，是文化建设落地最易操作的一个载体，也是一种不可或缺的文化落地工具。之所以叫文化墙，是因为要强调它在文化建设中的作用，除了公司传统的介绍内容，凡是可以体现公司文化价值主张的信息都可以在这面墙上展示出来，比如对员工成长、文化打造有价值的内容。企业文化墙可以选择展示以下几类内容：

（1）正向的奖励。比如公司销售业绩的排名、个人品牌积分榜、某季度明星员工、本月最佳员工、对优秀员工的奖励决定。

（2）以绩效为导向的企业文化内容：体现目标管理、责任与承诺。比如月报计划、年度计划、公司今年战略目标、KPI 等。

（3）优秀员工的事迹：这类员工就是公司的标杆，把他们的事迹通过文化墙传播出来，引导大家学习他们。比如"李某某感动客户的故事""来自客户的表扬信""我的成功可以复制"等主题内容。

（4）员工分享：公开员工对某事的收获、体会与感悟，这种感悟必须对其他员工有很好的借鉴价值和意义，对行为也要有积极的导向作用。通过分享，可以帮助公司统一员工思想，促进文化建设。比如"某某事件对我的启发""读 ×× 有感""我的未来我做主"等。

（5）团队建设活动。比如某次活动中好玩的照片、下一次活动的宣传、年会花絮等。

文化墙的设置和管理要由 HR 专人负责，定期更新，且周期不宜过长，确保内容的时效性。

文化墙设计要美观大方，体现企业 VI 设计理念，并定期进行检修、维护，防止生锈、破损、老旧。

2. 企业内刊

在企业文化中，形式上最有文艺范，最能沉淀和展现企业文化的就是企业内刊了。在如今的移动互联网时代，一份精心制作的、纸质的企业内刊，其实更能打动人。这里分享一些我做内刊时的经验。

（1）取个好名字。

不要叫类似《×××报》《××人》这种一听就特别严肃的名字，活泼一些的名字会让员工感到更加亲切。我在飞利浦公司工作时，其内刊名叫《WE》；我在沃尔玛公司工作时，其内刊名叫《沃土》。青岛啤酒的内刊叫《醉爱》，万科的内刊叫《邻居》，华夏基石的内刊叫《洞察》，这些都是符合企业文化特点的名字，也比较容易让员工记住。

（2）设计几个固定的好栏目。

这里举一个我在做 HR 时设计的内刊样例。

案 例

2004 开篇寄语
春天奏鸣曲

初春，乍暖还寒，严冬已经过去，七九河开，八九雁来，"WE"以全新的面貌向我们走来……

"管理层的话"是指挥，"质量平台、信息视窗、知识管理、前沿在线、我爱我家、休闲广场"是乐谱，飞利浦全体员工用心、用情共同奏响了春天的奏鸣曲。

"WE"将以四季的不同色彩展现我们的风采："管理层的话"在四季中指出方向，激励我们不断进步；"质量平台"让我们了解各地活动及部门信息；"知识管理"把季节的果实呈现在我们面前，让我们可以充分分享，不断学习；"我爱我家"让我们在温馨的家中畅所欲言；"休闲广场"是小憩的天地，在这里，每一次微笑都将记录在我们的季节里。

今年我们的"WE"由7个子栏目组成，希望大家能够喜欢，并且踊跃投稿。

"WE"承载着企业的文化，以我们的努力扬起风帆，伴随着我们从优秀走向卓越！

栏目一：管理层的话

公司副总裁及总经理黄隆铭先生的文章，主题是"从优秀到卓越"。

中心思想：今年年会上介绍了今年的主题是"从优秀到卓越"，在会议中标明了达成此主题的途径，是以保持良好和稳定的工作基础，通过知识管理及个人和团队的突破成长计划，强化各职能单位的功能能力及领导能力水平，建立卓越的竞争优势，使我们达到卓越组织的目标。

栏目二：质量平台

挑战 PBE 铜奖成功的一篇总结。提到经过同事们三年的配合，在企业运作和业务上不断地改善，在 2003 年 11 月得到这个质量奖，评分是 527 分。之所以能拿到这个质量奖，四大重点是重点出击、以终为始、过程改善、改善方法。

栏目三：信息视窗

1. 公司 2004 年度业务会议于 2004 年 2 月 17 日至今日在香港召开，本次会议的主题是"从优秀到卓越"。

2. 为了使我们的经销商和员工有更健康的体魄，2004 年度"经销商运动会"在香港体育馆举行。同时，公司还与香港"福幼基金会"合作，将慈善捐赠和体育比赛相结合。现场捐赠港币93138元，为中国贫困地区儿童提供了求学帮助。

3. 诚信维权，飞利浦"3·15"中国区活动：全国顾客关爱活动介绍。

4. 华西区三月植树节活动。

5. 公司今年获得"长期服务奖"的员工姓名和入职日期，其中工龄满20年的2位、15年的1位、10年的10位、5年的47位。

栏目四：知识管理

首先是2003年培训课程回顾，并罗列了7位员工的培训心得体会。

1. 管理人员课程：LEAD, IMPACT。

2. 员工培训课程：人力资源管理课程、市场管理培训课程、重点客户及零售管理培训课程、产品管理培训课程、全面质量管理培训课程、促销员培训课程、零售督导培训课程、促销员导师培训课程、厨房电器示范员培训课程。

3. 员工自学课程：网上英语学习课程、新入职员工自学培训课程、销售技巧培训课程。

然后是这一季度公司的团队奖得奖介绍。

1. 开源节流奖，运作成本从450万元减至目前的370万元，节省率达到17%。

2. 2003年华中区积极运用企业文化，战胜没有区域经理、SARS、缺员等各种困难，最后不仅成功地完成销售目标，更在各区域排名中从第五名跃升到第四名，代表华中区参加比赛的《新四军进行曲》在年会的企业文化团队评选中一举取得"飞利浦企业文化精神奖"第一名。

最后是"企业文化——个人积极进取奖"得奖同事的经验分享，并公布了每位同事接受公司总经理颁奖的照片。

栏目五：前沿在线

2003 年中国消费市场回顾。

介绍了 12 款公司今年即将上市的新产品。

栏目六：我爱我家

我爱我车，4 位同事分别用一张照片，讲述自己和车的故事。

推荐了 5 个旅行目的地。

栏目七：休闲广场

一篇科普类小文章：《办公一族七大饮食危机》。

另外还有一个小栏目，叫"拿手菜"，老家重庆的同事介绍如何做宫保螺肉。

封底小栏目是笑话，放了 3 个小笑话。

因为这次内刊是改版后的第一期，所以还特意设计了一页读者意见调查表。

（3）内容要真实生动，版式设计要有美感。

内刊的灵动，在于内容的真实生动。内刊全部放员工的真实作品，不形式主义，不功利主义。

（4）企业内刊让谁负责比较合适。

内刊不要光是人力资源部门的几个人苦哈哈地做，看公司规模的大小，可以按大区、城市，或按部门轮流做主编。要相信"高手在民间"这句老话，HR 只需统筹和把握大方向就行了，剩下的就是充分调动员工的积极性了。

3. 企业自媒体

如今，文化传播进入了一个全新的时代，每家企业都有微博、微信、视频、社群。在去中心化的"失控"时代，每家企业本身就是一个媒体。"罗辑思维"创始人罗振宇说："一切产业皆媒体，一切内容皆广告。"

企业自媒体要有文化担当，企业自媒体既是企业文化载体，又是企业文化本身。说它是载体，是指它承载着企业文化的内涵，传播着企业文化的内容。说它是企业文化本身，是指它在进行信息（文化）传播的同时，自身就在不可避免地创造着文化。

一个处处散发着企业文化气质的自媒体必定拥有坚定的信念、强烈的责任感和成熟的价值观。将企业文化的载体与内容同等重视的企业，必定是理想主义的企业。能将企业文化的载体与内容结合得恰到好处的企业，必定是能够担当起社会责任的企业。

八、员工各项福利的落地，组织各式各样、不断创新的，为员工所喜闻乐见的企业团建活动

1. 企业文化主题活动

开展企业文化主题活动必须采用员工喜闻乐见的形式，让其发挥渗透作用，如春雨润物一样潜移默化。企业开展文化主题活动的常见方式有：

- 有奖口号征集活动；
- 漫画图解活动；
- 主题征文活动；
- 典型事件征集活动；
- 典型人物宣讲活动；
- 企业文化宣传角活动；

- 企业文化刊物编辑活动；

- 员工创新命名活动；

- 企业音乐征集活动；

- 企业员工认可的其他健康活动。

这里推荐 3 个我在实践中做得比较成功的活动。

案例 1

公司主题歌

在音乐市场选择一首能代表公司企业文化的励志歌曲，有实力的公司可以付费请专业的音乐人为公司写一首"司歌"。

然后邀请公司中高管、骨干员工代表一起去专业的录音棚，用每人一句轮流唱、副歌大合唱的方式亲自录出来。在公司大小会议、各类庆典活动、团队建设活动开始前，全体员工大合唱，特别鼓舞士气。

这一首是当年我所在公司的"司歌"，歌名是《让我们做得更好》，这一句是当年公司的对外广告词。收录于音乐专辑《让我们做得更好》（1995；词——林明阳，曲——谭国政，主唱——谭咏麟）。

它也是 1995 年飞利浦中国足协杯的主题曲，你可以想象当年员工们一起去现场看公司赞助的足协杯，一起高歌的激动时刻吗？

歌词：

> 年轻的梦真实
>
> 坚持坚持心中的真挚
>
> 年轻的梦真实
>
> 坚持坚持心永远不死
>
> 朋友何必掩饰曾迷恋过的事

快乐带着悲伤有得有失

我的朋友何必解释曾迷惘过的事

人生起起落落心不会死

不能停止在梦想里勇敢地尝试

目标天涯咫尺现在开始

苦还是要坚持

向前要像个巨石

痛还是要坚持

梦想握在手中并不迟

案例 2
一点钟会议话题

企业文化要反复宣讲，要保证每一次会议、每一次培训课程、每一次沟通都包含文化的信息，以此强化公司的价值观、使命、传统以及实践。

这个案例是沃尔玛营运部的一个文化主题活动，叫"一点钟会议话题"。因为营运部每天中午一点都有一个站在卖场里面开的小会议，当班的员工参加，部门经理组织。公司会规定，在这 10~15 分钟的会议中，必须有 5 分钟是讨论"企业文化"主题的。

HR 梳理了企业文化的 26 个主题，列了一张清单，发给部门经理。部门经理每天花 5 分钟分享其中一个小主题，每次邀请不同的员工分享他本人对这个文化小主题的看法和在工作中是如何运用的。

HR 可以照这个例子做公司的文化主题活动，收集 CEO 和高管讲的管理理念金句，或者上网收集符合公司企业文化理念的名人名言等。

附：沃尔玛企业文化活动的 26 个主题

（1）日落原则：今日事，今日毕。

如果你把大任务分成多个小任务，那么没有什么事情是特别困难的。

（2）开放式沟通：聆听，说出来，让别人听见。

勇敢就是自信，能否成为一个勇敢的人只能靠你自己。

（3）公仆领导：领导就是为他人服务。

创新，发展，激励，激发信任，做一个领导者。

（4）授权：你有权利啦！

管理人员的工作就是授权。授权的含义就是"授人以鱼，不如授人以渔"。

（5）团队合作：合作就能成功。

我们总是豁达地说，放下小我，帮助公司里需要你帮助的任何一位同事，像团队一样工作。——山姆·沃尔顿

（6）草根会议：如实地说。

对我来说，要营造一个愉快、向上的氛围，最重要的因素就是一贯保持自由、坦诚的沟通，从各级管理人员直到我们的员工。——山姆·沃尔顿

（7）门户开放政策：说出你的心声。

分享信息和分担责任是任何合作的关键，这样做会使人们有责任感和参与感。——山姆·沃尔顿

（8）员工的主人翁意识：归属于沃尔玛，这是我们的公司。

我们与员工的关系是建立在信任基础之上的合作关系。这是我们公司能在竞争中取胜，甚至超出我们自己的期望的唯一原因。——山姆·沃尔顿

（9）员工发展：与精英合作！

要想成功，你必须培训你的员工。——山姆·沃尔顿

（10）保密：保守秘密！

如果能得到别人的认同和重视，人们就会放下自我防备的盔甲，释放出自己的潜能，不断提高自己。——山姆·沃尔顿

（11）三米微笑：欢迎他们，并与他们打招呼。

超出期望！我们并不需要做特别的事，而是要将普通的事情做得特别好。

（12）盛情服务：我们将竭诚为你服务。

随时随地，用你所学，竭尽所能。——西奥多·罗斯福

（13）友好工作氛围：你在沃尔玛有朋友。

（14）愉快的购物经历：来这里购物真的让我非常满意！

（15）天天平价：价格真合适！

我们希望从事最正当的经营活动，以最诚信的方式和最低的价格。——大卫·格拉斯

（16）紧迫感：万事莫等明天。

你不应该守株待兔，周边的事物在不断地变化。若想成功，就要走在变化的前头。——山姆·沃尔顿

（17）始终优质：每天都把最好的奉献给您！

他们意识到挑战所在，并为之奋斗。——文斯·朗巴迪

（18）关心社区：回馈社会。

（19）保证满意：您快乐，我们才快乐！

（20）不断进步：天天向上！

做自己，并实现力所能及的目标，这才是生命唯一的归宿。——罗伯特·路易斯·史蒂文森

（21）注重成效：向金牌奋进！

高期望是成功的关键。——山姆·沃尔顿

（22）始终诚信：诚实是最好的政策！

诚实的人信守诺言，成熟的人智勇双全。——斯蒂芬·R. 科维

（23）竞争精神：赢、赢、赢！

竞争是最好的良药。——山姆·沃尔顿

（24）允许失败：从错误中学习。

人们必须从实践中学习，即使你认为你已经懂了，但你也只能在实践中验证你是否真的懂了。——索夫克列斯

（25）鼓励冒险：不冒险，无收获。

成功没有捷径，成功就是每天克服困难。

（26）控制费用：这是你的钱！

我们每节省一块钱，就比竞争对手更领先一步，这是我们一直想达到的目标。——山姆·沃尔顿

案例 3
公司年会上的企业文化PK赛

年会，不只是普通意义上的一次公司员工聚会，它是企业文化建设的一项重要内容，是企业文化的一种延伸。办好一场年会，不仅能够促进企业员工相互交流、有效沟通、激励共进，更能创造企业内积极向上的工作氛围，为下一年度员工工作效率的提高、企业绩效的稳步提升起到良好的推动作用。

如何让年会活动更好地体现企业文化理念和核心价值观？如何通过年会把企业文化精神传递到每一位员工心中？如何更有效地突显出企业的"年会效应"？如何让企业的年会"投资"收到事半功倍的效果？我的老板会在这些方面对年会组织者——人力资源部门提出要求。

年会的时间一般在次年的1月或2月，春节放假前的两周内举办，我们会选择开两天，在星级酒店内举行。第一天参会的是公司CEO、经

理、总监等管理层人士，主题是年度工作总结和次年公司战略发布，各部门负责人上台汇报自己部门今年的工作情况，HR 和财务总监上台时会发布今年公司的年终奖政策与发放流程。然后，CEO 作这一年的年度工作总结报告，并发布明年公司的战略和经营目标，签订各部门的工作责任书，其中包含了来年的各项 KPI 考核指标，晚上是答谢晚宴。

第二天是分会场，各部门负责人在单独的会议室，邀请本部门全体员工参加。上午是部门经理主持，首先回顾今年工作，公布今年的年终奖发放方案，然后是展望明年工作，签订绩效考核目标，告诉所有员工来年的公司总目标、分解到部门的目标，以及如果达成这个目标，企业将按什么比例对年终奖进行分配。下午是部门经理和下属一对一的新年度工作表现评估，包括目标设定面谈和职业生涯规划面谈。

第二天的晚宴是全体员工参加的公司年会，在酒店大宴会厅举行。先吃宴席，大约 1 小时。欧美外企从不会在年会上喝白酒，以红酒和饮料为主，企业文化中是不劝酒的，如果员工想感谢主管、经理，可凭自己的意愿自行敬酒。

公司各部门总监主持年会第一部分：

（1）分管销售、市场的总监上台演讲，回顾去年业绩，展望明年目标，感谢一线员工的努力工作，期待来年取得更好的成绩。

（2）分管产品、品牌的总监上台演讲，回顾过去一年的成果，展望来年要上的新产品，介绍有什么新动作支持公司销售一线的同事再创佳绩。

（3）人力资源总监上台演讲，主要对去年的人力资源工作和企业文化建设做一个总结回顾，感谢全体员工的努力工作，介绍明年人力资源部门会做些什么工作来帮助员工学习和成长。

（4）公司 CEO 上台发表演讲。

公司人力资源总监主持年会第二部分：

（1）企业文化团队奖 PK 大赛。

以部门、分公司为一个团队，每个团队依次上台表演，时间限定在 10 分钟内，任何表演形式都可以，主要展现团队在日常工作中如何融入公司的企业文化、企业价值观。

由公司高层管理者组成评审团，每一个团队表演完后，由评审团现场举牌打分，评出一等奖、二等奖、三等奖，并现场发奖金，这笔专项奖金会奖励给获奖部门，用于明年团队建设的各种活动。

（2）对有优秀表现及突出贡献的人和团队进行大规模的表彰，CEO 颁奖、合影。

（3）"长期服务奖"颁奖，对服务 5 年和 10 年的员工，人力资源总监公布名字和个人介绍，CEO 亲自颁发奖品和证书，感谢他们为公司的付出。

年会主持人开始年会的第三部分——员工自己的"春晚"。

这里的年会主持人一定不是管理层了，而是员工，你只要找到对的人，他们一定会呈现出一台完美的晚会。

年会的节目我们从来不外请表演，因为公司在员工内部成立了许多社团：篮球、乒乓球、台球、象棋、书法、写作、街舞、唱歌、健身、公益等。除了公司平常给社团的活动经费，需要排练的节目也会有化妆、服装费补贴，整体算下来比请外面的人所用的花费节省得多，最关键的是丰富了大家的业余生活，效果很好。

管理层在年会上也会进行反串等各种夸张的表演，真正融入员工中。有一年我们的主题是化装晚宴，大老板以超人的内裤外穿造型亮相，年轻员工瞬间爱上了他。

整个年会活动中大家最关注的就是这台"春晚"了。这是一个员工展现自我、"才艺大比拼"的环节。如何把它与抽奖、互动游戏等完美地结合起来，让整个"春晚"高潮迭起、激情飞扬，是凸显"我们一起过大年"的终极目标。

企业年会是公司的"年夜饭""团圆饭"，必须由"家人"自己来烹调才更有意义，才能更好地体现与宣贯企业文化理念和核心价值观。员工通过自觉的关注和参与，会受到潜移默化的感染，从而更有效地推进企业文化的建设。

年会的举办，一定要当作公司的投资来看待。既然是投资就要有回报，也就是说，一定要让年会的举办见到成效，取得"效益"。而这种"效益"，就是有效地激发员工士气，增强员工的向心力、凝聚力与归属感，加强雇主品牌建设，提升企业知名度与美誉度，为公司的发展推波助澜。

2.建立公司图书馆

我建议每家民企每年都拿出一笔固定的预算，在公司的会议室或培训室建立一个图书馆，也可以提倡员工将家中的好书共享到公司图书馆。

下面是我在企业当 HR 时，做的图书馆制度和读书节主题活动的例子，供大家参考。

案例 1
公司图书馆管理标准

- **目的**：为员工提供一个丰富知识的渠道，不断提高员工素质，使员工适应公司发展的需求。公司图书馆面向全体员工开放。
- **书目**：公司图书馆仅借阅与商业有关的书籍。

内容包括：零售业、顾客服务、团体建设、自我发展、英语学习、时间管理、计算机等。

· **书源：**

公司每年提供 5000 元预算购买上述书籍，也特别提倡同事们共享你的私人好书。

· **图书馆借阅程序：**

（1）借书步骤：

借书时请出示工牌。

填写"借阅登记表"。

两周内归还，填写"借阅登记表"归还日期栏并签字确认借阅完毕。

（2）借书须知：

请爱护书籍，勿在书上涂写。

每人每次只能借一本书。

限两周内归还。

如两周内未读完所借书籍，可续借一次，期限为一周。

如不能在两周内按期归还或续借书籍，将被处以罚款。过期一天，罚款人民币一元，以此类推。

丢失、破损或过期 30 天未归还所借书籍，须按所借书籍价格的两倍赔偿。

不允许代他人借书。

案 例 2
"读好书、书读好"——7 月读书节活动

· **活动目的：** 激发同事的学习热情，培养同事的学习兴趣，打造学习型组织。

· **活动对象：** 各部门主管、经理级员工。

·活动方案：

（1）HR 提供推荐书目清单。

（2）主管、经理可从清单中选书，也可另行选择（备注：另选书籍须为管理或励志类书籍）。

（3）主管、经理根据所选书籍准备演讲稿。

（4）演讲时间至少为 5 分钟，不超过 10 分钟。主题明确，不得只是书籍内容的简单罗列，应多谈自身感受或联系实际工作。

（5）评委将根据演讲内容现场提问，演讲者需回答评委提出的至少 2 个问题，如观众对演讲内容感兴趣，也可对演讲者提问。

（6）提问结束，演讲者将现场向评委推销其所选书籍。推销方式自定，时间不超过 3 分钟（可请外援）。

（7）评委将举牌表明其是否决定购买。演讲者最后得分将根据其打动的评委的相应加分（打动一位加 5 分）。

·实施步骤：

（1）6 月 28 日，推出活动详情海报；

（2）7 月 2 日，主管、经理将所选书名报人力资源部门 ××× 处；

（3）7 月 2 日—16 日，主管、经理读书，准备演讲稿；

（4）7 月 21 日，举行演讲及现场答辩、促销会。

另附《书目清单》。

第七章

从公司战略角度制定人力资源规划

人力资源规划的关键是参考同行的做法

在一些人力资源理论书籍上，"人力资源规划"这部分内容都讲得极其复杂，让 HR 新人和老板看得云里雾里。本书是写给在初创期和成长期的公司的老板和 HR 看的，这里就讲得简单点，大家能明白就行。

如果某位 HR 应聘到一家新创立的餐饮公司工作，跟着老板一块儿创业。最初可能会思考到的问题如下：

- 开一家餐厅需要设置哪些部门、哪些岗位？
- 每个岗位的工作程序、工作职责是什么？
- 每个岗位需要多少人？
- 每个岗位需要招聘什么样的员工？
- 各个岗位的工资标准怎么确定？
- 如何知道员工是否称职？如何考评他们的业绩？
- 开一个餐厅的人工成本是多少钱？得准备多少流动资金在账上运营一直到有正现金流？

这家公司不可能拿几十万元甚至几百万元找咨询公司做专业的管理咨询，所以还是得靠自己。方法很简单，找出所在城市做同类餐饮行业中排在前十的同行，至少列 5~8 家，之后上两大综合招聘网站，查询他们近三年刊登的所有招聘广告，汇总在一起，就基本上了解了他们所有的部门、岗位，再结合自己公司的规模大小，就能设计出适合公司的组织架构、部门设置、岗位设置，及每个岗位的职位说明书。然后再去这几家公司实地考察一下，也可以咨询一下行业内的创业导师，通过朋友认识一些行业内部的创业前辈或高级职业经理人。这些前期准备工作都做完后，上面的问题就能做到心中有数了。

| 编制人力资源规划四步曲 |

第一步：设计组织架构。

HR 负责绘制组织架构图，可以简洁明了地看到公司人员全貌，上下级的汇报线。图的左下角留一个 Ecxel 表，写上公司此时的人员预算与实际人数，每月最后一个工作日更新一张。

第二步：岗位说明书。

这是人力资源管理中最基础的文件，是前期准备工作分析的最终结果，又称为职务说明书或职位说明书。通过工作分析过程，用规范的文件形式对组织内各类岗位的工作性质、任务、责任、权限、工作内容、工作方法、工作条件、岗位名称、职种职级，以及该岗位任职人员的资格条件、考核项目等做出统一的规定。编制岗位工作说明书的目的，是为企业的招聘录用、工作分派、签订劳动合同以及职业指导等现代企业治理业务提供原始资料和科学依据。

岗位说明书，是公司期望员工做些什么，规定员工应该做些什么、怎么做和在什么样的情况下履行职责的要求汇总。岗位说明书由该岗位的直接上级填写，由人力资源部门统筹。这项工作是不能忽视的，是公司其他人力资源工作的基础。公司的每一名员工都要有一份详细、准确的岗位说明书。

扫描封底二维码，回复"岗位说明书模板"。

每年初在设定年度绩效目标时，要记得更新岗位说明书。

第三步：年度人员预算编制表。

每年底时，先由各部门内部讨论，根据今年销售或营运目标与实际达成情况，再结合管理层下达的明年的销售目标或营运目标，就明年希望增加的人员预算，制成年度人员预算编制表，向公司提出申请。HR收集汇总后，报公司最高层议论审批，此表将作为明年HR招聘工作计划的主要依据。

企业一定要注重人员预算。目前人工成本越来越高，并不是招越多员工越好，而是应该根据岗位职责和公司战略目标匹配足够数量的员工。这样既能够满足公司业务、服务客户，又能尽量控制人工成本，提升公司的利润率。

扫描封底二维码，回复"年度人员预算编制表模板"。

第四步：年度人力资源预算表。

HR每年12月都会做一张"次年度的人力资源预算表"，表中涵盖了明年一整年花在员工身上的成本，表中的每一项费用是HR根据前面两年和当年的实际人工成本，加上次年新增人头数预估出来的。对于每年都做人力资源数据分析的公司来说，做一张准确的预算表并不难。每个部门都要做一张自己部门明年的预算表，交财务总监汇总，之后再交给公司最高层过目。高层在第二年开始时，便会完全掌握整个一年的工作开展、费用控制了。

扫描封底二维码，回复"年度人力资源预算表模板"。

第八章

轻松制定民企必备规章制度

一家企业的人力资源负责人，要为企业编制一套最适合企业现状的规章制度。如今网络这么发达，想要什么制度，网上其实都能搜得到，但有可能由于自身经验不足，分辨不出来这些文件哪些是好资料，是可以学习参考的，哪些其实是垃圾，不值一看。

　　所以，我也想花点时间，为各位民企的老板和 HR 做一个梳理，一家公司需要哪些必备的规章制度，基于《劳动法》的前提，如何写一份既简洁又合法，让员工没法钻漏洞的企业管理制度。

民企必备的制度清单

　　根据教材，企业主要的规章制度，按职能部门分工，有销售管理类规章制度、技术管理类规章制度、生产管理类规章制度、财务管理类规章制度、人力资源类规章制度、行政管理类规章制度。本书主题是人力资源管理，所以，这里只讲跟人力资源相关的规章制度。

　　作为一家处于初创期和发展期的民企，最基本的人力资源类制度，按重要性排序是：

　　　　•考勤管理制度；

　　　　•假期管理制度；

　　　　•人力资源六大职能模块制度手册，包括人力资源规划制度、招聘与录用制度、薪酬制度、绩效制度、培训制度、劳动合同管理制度；

- 出差管理制度；
- 办公室行政管理制度。

如果是一家创业型的企业，员工人数小于 50 人，此时公司规模小、员工少。有关人力资源制度建设需要的排序是：

- 考勤管理制度；
- 假期管理制度；
- 办公室行政管理制度；
- 招聘与录用制度；
- 劳动合同管理制度；
- 出差管理制度；
- 报销管理制度（财务部制定）。

| 制定规章制度的合法程序、工作流程及必备内容 |

一、合法程序

1.民主程序

一般是 HR 先起草一个制度，如果公司有工会或者员工代表大会，就召集大家开会讨论、征求意见。小型民企由于员工人数不多，没有工会，可以召集各部门员工代表开会。收集完建议和意见后，HR 进行修改，再召开员工代表大会讨论，然后上报给公司最高管理层开会审议批准。这中间的所有环节，会议纪要、修改稿、会议签到表等支持文件，HR 需要全部保存完好。

2.公示程序

《中华人民共和国劳动合同法》（以下简称为《劳动合同法》）中规定：

"用人单位应当将直接涉及劳动者切身利益的规章制度和重大事项决定公示，或者告知劳动者。"规章制度的公示是要求企业员工遵守规章制度的必要前提，未经合法公示的规章制度是不具有法律效力的，不能作为处罚员工或与员工解除劳动合同的依据。一般企业在进行规章制度公示的时候，喜欢采取公告栏张贴或者发邮件、QQ群、微信群的方式。这几种方法最大的问题是举证困难，员工有可能会以"我没加群、我没上网收信息、我没注意公司公告栏"等为借口无视规章制度。这里给大家提供3个正确的公示方法。

正确方法一：将所有和员工相关的规章制度条款，汇总成《员工手册》，发放时让员工签收。

案 例
签收确认书

本人_____（请用正楷填写姓名），确认收到《×××公司员工手册》（以下简称《员工手册》）。

在受雇期间，本人明白及愿意严格遵守《员工手册》内的所有条文。

备注：《员工手册》如有任何内容更新，均以本公司发放之最新版本为准。敬请留意本公司网页或人力资源部发放的相关通知。

部门：　　　　　职位：

员工签名：　　　　日期：

（请于签收后将原件交回人力资源部，谢谢！）

正确方法二：组织全体员工培训学习规章制度，保存好员工签名的培训签到表，表中包括培训内容、培训时间、培训地点的详细记录。培训结束后组织考试，并保存好考卷。

正确方法三：在《劳动合同书》中，增加企业的规章制度作为劳动合同的有效附件，在员工签劳动合同时确认其已阅读并理解企业的规章制度，承诺遵守该制度。

二、工作流程

1. 起草

一般由公司人力资源部门的最高负责人起草文件。可以参考一些大型规范企业的制度，但不要照抄，要根据公司实际情况调整修改。做到在合法的前提下，最适合自己公司即可。

制度规范的内容不能违反国家法律法规，要简明扼要，易操作，无缺漏，前后一致，符合逻辑规律。最重要的是，制度的可操作性要强。

2. 审批

经过民主的流程后，最终由公司 CEO 审批签署。

在外企工作时，我的上级是中国区的人力资源总监，她给我做入职培训时，交接给我一整套公司人力资源管理的规章制度，每一份文件都有清晰的生效日期、版本号，原文件上面盖了红色"原件"印章，然后给我复印了一套，复印件上面是黑色的"原件"两个字加盖"受权复印件"红章。这就是一次标准规范的审批流程。

3. 执行

在这个环节，我的经验是，营造规范的执行环境，关键是减少制度执行中可能遇到的阻力。

HR 并不需要把全套人力资源管理制度手册复印给部门经理，只需要选择其中和他们管理下属息息相关的文件即可。

4. 修订

企业在每年年底的时候，征求各部门同事的修改建议和意见，内部开会研讨，如果需要修订，就相应地更新版本号和生效日期，并再次发布。

5. 废止

对制度进行修订后，需要废止老制度或者不适用的制度。注意，废止的文件需要盖上红色"作废"印章，保存在档案里。

6. 存档

所有规章制度，从起草到修订、审批、正式颁布，全部流程中的支持文件一定要保存完整。同时，要保证 HR 的文件柜里有一套公司最全、最新的规章制度。

三、必备内容

- 制定制度的目的，制度的适用范围和正文；
- 制度的操作流程；
- 制度的支持表单。

除此之外，HR 在实践中还有一些需要注意的地方：

（1）制定的制度不要烦琐，我看过一家国企的《员工手册》，足足有 128 页！记住，制度是用来执行的，不是 HR 做给领导看，用来邀功显摆的。

（2）制度里的文字尽量精简，每一个字都要表达有效，不要讲废话。一定要附表格，表格如果设计得好，HR 的工作就会特别高效。

（3）HR 手上要有一整套人力资源管理制度，但并不需要全部公开，只需要选择其中内容进行重组即可。比如给全体员工看的《员工手册》和给中高管理层看的一些相关的规章制度（如"绩效考核制度"），就是不完全一样的内容。

（4）在民营企业，如果有一个专业的 HR，那么制度建设不成问题，最难的点其实是执行。民营企业制度执行得不好，问题大多出在老板、老板娘、部门经理身上。还记得前面提到的民企老板批"婚前准备假"的例子吗？这就是目前中国民营企业人力资源管理出现困难的主要原因之一，老板经常带头打破自己签批的规章制度，不公平、不规范，如何能让员工心服口服呢？

| 企业最常用的两个规章制度案例 |

案例1：××公司考勤、加班及假期管理制度。

案例2：××公司出差制度。

这两个案例给各位民企HR作为参考。再次提醒大家，民主和公示这两个流程一定要有。

这两个制度模板，都是正规、规范的企业人力资源管理制度模板，如果公司在创业、发展的初级阶段，可以先学习了解一下。注意，案例中列出的制度内容仅供参考，具体情况还需要HR查阅相关法律文件或条例进行修正。

> 扫描封底二维码，回复"公司考勤、加班及假期管理制度""公司出差制度"。

| 民企必须具备的制度——员工手册 |

以我个人的经验来说，《员工手册》是人力资源管理工作中最基础、最重要的一项。

每家公司的《员工手册》都能显示出该公司的整体管理水平和人力资源部门管理水平。《员工手册》写得好，HR平时会少很多麻烦。以我自己为例，每天工作的 8 小时，只需要花 1 小时回答员工的问题，另外 7 小时都可以用在对人力资源专业的精进学习上，为老板去做更有价值的工作，比如企业文化建设、组织团队活动、给新员工做一对一职业生涯规划等。做好《员工手册》，你的专业水平会得到极大的提升，你的工作价值也会得到更多的认可。

在公众号里，我给大家做了一个《员工手册》的规范模板，你需要按自己公司的规章制度来修订里面的内容，这样就可以把《员工手册》做得更加规范和合理了。

扫描封底二维码，回复"员工手册模板"。

第九章

劳动法与劳动关系管理

目前所有人力资源岗位，无论是什么级别的招聘广告，里面必有一句话，熟悉中国的劳动法规。毋庸置疑，HR 最重要的基本功就是下面这部分的内容——劳动法。

在我身边，有无数新手 HR 经常在学员群问一些非常初级的劳动法问题。这些问题明明自己查阅一下《劳动合同法》就能明白，却懒得动手、动脑，有这种心态的人如何能成长为一名专业的 HR？作为 HR，如果你对劳动法的掌握程度还不如一些爱学习、爱琢磨的普通员工，如何在老板和员工面前树立你的专业形象？

我大学是学会计专业的，24 岁开始转行做 HR，劳动法知识基本为零。当年我花了一个月的时间，集中、高密度地学习劳动法，如今我已经有 10 年没有在一线做 HR 了，但是我很自信，自己的劳动法水平依旧专业。下面是我学习劳动法的方法和经验，供 HR 新人学习。

| HR 必须了解并重视劳动法 |

（1）劳动法是企业所有人力资源管理工作的基石，每一个 HR 都要学，而且要学好。

做过人力资源一线工作的人都知道，人力资源管理中的模块，比如薪酬、绩效、招聘、员工关系等，都与劳动法有着非常紧密的联系。正因为很多政策决策建立在劳动法的基础之上，所以 HR 要成为全公司最懂劳动法的人。HR 要凭借扎实的专业能力为自己争得老板和管理层的认可，有了认可，才可能有好的职位和薪资福利。

（2）对劳动法知识和相关技能，要集中化、密集化、系统化地学习。

现在不少企业的 HR 都会或多或少地参加劳动法方面的公开课，但是光凭零零散散的一两节公开课根本不能系统、完整地了解劳动法在人力资源各个模块工作中的应用。碎片化的学习很多是无效的，也会白白浪费你的时间和金钱。

HR 如果想在日常人力资源管理工作中熟练运用劳动法，就需要先对劳动法进行集中系统化的学习。这是一个长期的过程，HR 对此要有心理准备，要通过自己的勤奋和努力，真正理解并掌握劳动法及其相关知识技能。

（3）虽然大多数企业配有专业的律师，但 HR 不能偷懒，还是需要懂劳动法知识，这样才能做好本职工作。

市面上的律师，大多从事证券上市、房地产开发、专利商标代理、公司投资并购和涉外法律服务等，与这些律师相比，劳动法专业律师面临紧缺但少人问津的尴尬，出现了"紧缺但并不紧俏"的现象。究其原因，一方面是劳动法法律政策纷繁复杂，劳动法业务门槛虽低但专业性强；另一方面是劳动法业务的当事人支付能力、支付意愿都比较低，导致律师费收益较差，使得很多律师不愿意、没兴趣涉足劳动法业务。

从另一个角度讲，律师在劳动法方面也帮不了 HR 太多，因为他们对人力资源管理六大模块工作不了解。最主要的是，老板出钱请他们当法律顾问，他们大多只会站在老板的立场想问题、出点子，有时反而会让 HR 工作误入歧途。

比如，有一家民企老板既不愿意支付离职高管的竞业限制补偿金，又不想员工跳槽去竞争对手公司或自己创业，律师出的主意是把现行的工资再做拆分，硬说里面的 1000 块是支付给员工的"竞业限制费"。懂劳动法的人都知道,这样做一点法律效用也没有。如果 HR 真按照律师说的方法做了,就会让自己走向歧途,还有可能引来官司。

所以,HR 要认真学习劳动法,成长为既懂人力资源专业,又懂劳动法的复合型人才。HR 学习劳动法,重要的不是打官司时用,而是能把劳动法融入人力资源管理六大模块工作中去,能融入公司的规章制度里面去,能帮老板防患于未然,这样才能让老板心甘情愿地支付你薪水。

(4)现实工作中的劳动关系管理模块,正确来讲,应该分为劳动关系管理和员工关系管理,这其实是两个不同的概念。现实工作中的劳动关系管理模块,最初级的才是"劳动关系管理",高级点的叫"员工关系管理"。

我待过的三家外企都非常注重员工关系管理,知道什么是红线,是不能踩的,什么又可以站在老板角度为公司合理省钱。我有一个"90后"男学员,在湖北一个地级市的一家民营餐饮企业做 HR,他们公司 2000 人,至今没签合同、没买社保,企业管理十分混乱。2017 年一整年,这位 HR 的 QQ 签名是"我不在仲裁,就在去仲裁的路上"。

外企的员工手册、规章制度都是 HR 在完全吃透劳动法的基础之上制定的。公司的规章制度很完善,没有职业道德的员工钻不了一点漏洞,整个公司在人力资源制度的指引下,工作效率极高。

所以,传统人力资源管理体系要梳理、转型和优化。效率性和合规性并重理念下的用工管理,才是民营企业 HR 的正确方向。员工关系做好了,就不会再有劳动纠纷出现了。

民企中劳动关系管理的工作规范要点及难点分析

一、企业劳动关系管理的工作规范要点

第一层:理解并背诵"重要的和常用的"条款。

第二层：会剖析常见的劳动法案例，知道适用的法律条款。

第三层：公司里人力资源所有管理制度都需要基于劳动法的流程再造，防患于未然。

二、企业劳动关系管理的难点分析

（1）HR 自己的劳动法水平不专业，工作没底气，不自信，得不到老板和管理层的信任，对一些不合理的制度无法提出修改建议，没有能力去抵挡阻力、推行实施。

我的观点是，任何事情都要先找自己的原因，再去看社会的、公司的、别人的原因。大部分企业都会严格遵守劳动法，而且老板也有"以人为本"的价值观，这些企业都是极其正规的。可能你现在能力不够，进不去这样的正规公司，请一定要认清这一点，你也就不会再去抱怨外人，而是专注于提高自己的人力资源专业水平了。

（2）中国目前 80% 的民企，特别是创业型的小型民企，在如狼似虎的创业初期、兵荒马乱的创业中期，只能以抢占市场份额、争取经济效益为最大目标。这些企业暂时还做不到真正以人为本，在劳动法的框架下规范化管理。如北京市 2015 年的劳动争议案件，可以检索到的公开判决、裁决、调解文书为 12981 件，2016 年可以检索到的公开判决、裁决、调解文书为 14223 件，数量呈逐年上升的趋势。

民营企业从发展轨迹来看，往往起步于家庭工业，脱胎于个体私营经济，呈现出典型的"任人唯亲""家庭统治"的特点。企业永远是靠老板的个人魅力来进行管理的，何况，有些企业的老板根本没有什么个人魅力，管理效果只能达到 10% 到 20%。小企业没有完备的规章制度，无视劳动法，只会剥削、压榨、欺骗员工，这种企业在二、三、四线城市中的数量还是很庞大的。

有些企业的老板个人魅力很强，在创业阶段可以达到 80% 甚至更高的管理效果。很多中国的企业家因此非常迷信个人魅力，但实际上，个人魅力应用于管理企业的最大上限也就是 200 名员工左右。当公司扩大之后，老板的个人魅力便很难笼罩公司所有员工，公司很容易一下子就走了下坡路。所以，企业必须通过科学的人力资源管理体系建设，才有可能比较顺利地做大做强。

比起过去的国企，民营企业不但失去了一些对员工的人文关怀，而且淡化了员工的主人公意识。尤其是在中国的中小型民企里，有一部分老板的素质并不高，这些老板觉得自己雇用了员工，就能随意主宰员工的人生了，不管是上班时间还是下班时间，只要自己有需要，员工都必须随时待命。不管周末有没有需要紧急处理的工作，员工都必须来上班，只要看到黑压压一片的员工背影，这些老板就会感到莫名的心安。

劳动法实施至今已经 20 多年了，《劳动合同法》的推行亦已走过了 11 年，这个过程虽然艰难，却也唤醒了劳动者心中的维权意识。经济的发展，社会的进步，人们对法制社会的期盼，都将会逐步促进劳动法的完善，也势必进一步促进劳动者法治意识的提高。

当企业家不断成长、成熟，意识到自身能力越强、身上责任越大，更愿意承担社会责任的时候，谁又敢破坏和谐社会的局面，谁还愿意背负无良商人的骂名呢？

当 HR 敢于伸张正义，把知法守法看成一种职业美德时，谁又会害怕 HR 的"大义灭亲"呢？

当"90 后""95 后"的劳动者法律意识逐渐觉醒，敢于拿起法律武器维权，敢于发出自己的呐喊时，谁还能阻挡劳动者维权的脚步呢？

第十章

招聘、入职及离职的管理流程

|HR 在招聘时容易遇到的困难和挑战 |

招聘，就是把合适的人放到合适的位置。对此我的体会是，招聘选人是 HR、老板和管理层所有工作的重中之重，当然也是企业管理必不可少的前提。人招错了，后面再怎么做薪酬激励、培训、绩效考核，都不会有太明显的效果。

员工的绩效高低、胜任与否，固然跟员工的知识、经验、技能有关，但更大程度上取决于他的主观意识，他是否认同这个公司的企业文化，是否认同企业，是否认同管理层和直接上级，是否热爱这个行业和工作，是否喜欢这个团队，等等。

一个十全十美、完全匹配企业标准的人是不存在的，HR 和老板可以选择把与"标准"匹配 70%~80% 的人招进来，用企业自身的人力资源管理系统及企业文化去培养这些接近企业"标准"的人。

马化腾说过这样一句话："人才是最宝贵的财富。"所有的成功都取决于人，有什么样的人就能成就什么样的事情。就像 PC 时代的浏览器、移动时代的微信一样，招聘其实是互联网公司取得成功的"入口"。

一、HR 在招聘时可能遇到的困难和挑战

处于创业期和成长期的民营企业，很大的一个痛点是，要的人招不

到，招来的人用不好，用得好的人留不住，留下来的人讲条件。

罗列下招聘工作中的难题，大致是：

- 应届毕业生定位茫然。
- 员工跳槽频繁，特别是"90后""95后"，工作看心情，说不来就不来了。
- 部门经理要人没规划，不懂人力资源管理，说要人就要人，说炒人就炒人。
- 中高管岗位不好招，市面上现成的、优秀的中高级管理人才少。
- 基础岗位员工工作技能不扎实、不职业化，试用期通过率低，需要反复招聘。
- 招聘渠道少。
- 招聘录用时，HR和部门负责人之间有分歧。
- 知识、技能比较容易观察和面试，但一个人的品德、气质、性格、才干、潜质等不容易面试出来。
- 短时间内大量基层岗位招聘，比如客服、保安、销售等。
- 短时间内大量技术工人招聘。
- 招聘高级管理人员和技术岗位时，老板舍不得出钱用猎头。
- 好不容易找到适合人选，待遇却满足不了人家的要求。
- HR长时间处在招聘压力下的疲惫。

二、如何做到"看人不走眼"

当今社会，大部分会找工作的人往往工作表现得不尽如人意，他们只具备了取悦考官，展现自己形象获得好感的能力。他们是找工作的高手，而非实际工作的高手。而大部分真正的工作高手在寻找工作时遇到了巨大的障碍，他们难以表现出你所需要的外向、热情、自信、团队精神等要素，但他们的内在是具备这些要素的，这就考验面试官的眼力了。

一个有关招聘的尴尬故事

你所在的公司发布了招聘广告，招聘销售人员，你面试了10个人。首先，你录用了一个你最看好的人，他充满激情，气质形象不错，有经验，善于表达，能找到这样的人让你很兴奋，也充满着期待。另外一个人是你勉强招进来的，因为候选人数量不够。此人从自信心、表达能力到外在气质形象，都难以让你满意。但由于岗位严重缺人，你不得不做出勉强录用的决定，你打心底不看好此人，你在等待更优秀的人来替换他。半年之后，实际情况和你想象的完全相反，你所看重的人才，除了表面的激情，缺乏实实在在的执行力和责任心，很快因为业绩不达标被你劝退。你勉强录用的那个人，成为公司销售里一颗冉冉升起的新星，让人眼前一亮。

企业为什么会出现在招聘和识人技术方面长期未达到理想状态，并且为此付出了巨大代价的现象呢？

在我看来，主要是因为企业的招聘技术不专业，企业领导和HR只是在凭自己的感觉和"社会标准"招人。企业内部的优秀人才是碰运气招来的，产生破坏力的不适合人员也是碰运气招来的。如果企业都是没有技术含量的、缺乏科学有效标准的招聘，那么大致在招聘来的10个员工里面，只有1个能让你满意，有3个会产生破坏作用，还有2个有待观察和培养，余下的都是些"鸡肋"，让企业"食之无味、弃之可惜"。

所以，企业需要先把人选对！对的人就是能把事情干好、做成的人。

在这里，给大家分享一个招人的公式：

合不合 + 能不能 = 行不行。

1. 合不合

第一个"合"：个人的职业价值观与公司的核心价值观要相合。

价值是个人有系统的内在标准，可以反映人们对人、对事、对物珍视或排斥的程度，隐约地影响人对行动方向的取舍。价值观则是一个人对人、事、物的看法或原则，它是人们生活中的信念、情感、动力、行为的指挥官。一个人的价值观就是指人们对某种具体活动或事务的重要性、有用性或价值的判断，它与一个人的兴趣或态度有关。

如飞利浦公司，它的企业文化是"全情投入""积极进取""天天进步""终身学习"，公司给全体员工培训了美国版权课《高效能人士的七个习惯》，推崇八小时内做好目标管理和时间管理，达到有序、高效、高执行力的工作；八小时外过幸福有趣的生活，保持终身学习的理念，做举手之劳的快乐公益，努力去实现自己的人生梦想。这种企业文化和我实在是太"合"了，所以我在飞利浦公司工作时是发自内心地热爱公司、老板和我的工作。

第二个"合"：职业兴趣与所任职岗位要求的合。

一个人，无论在企业的哪个岗位，愿意多做事情并能将事情做得正确和完美，前提条件都是他对自身岗位充满着热情与热爱。据权威机构的调研数据显示，如果一个人的职业兴趣与岗位工作是相匹配的，这个人最终的工作产出比没有兴趣待在这个岗位的人的工作产出高出了200%。如果一个人最大的兴趣不在岗位工作上，时间久了，一旦这个人找到更为合适的岗位，就必定会辞职走人。

第三个"合"：上下级之间的合。

一个部门招人，首先要考虑的是部门经理是什么特征的人。如果经理是雷厉风行的风格，最好不要配做事拖拖拉拉、慢性子的下属；如果部门经理擅长宏观思维，擅长策划，下属最好是行动执行力强的。这样大家优势互补、脾气相投，双方才会产生合力，有合力才有战斗力，大家都工作得舒心，也有利于留下人才。

3个"合"都做到了，员工工作时自然会激情满满，主观能动性也可以保持在极高的水准之上。否则，员工最终不是选择跳槽，就是因工作态度或业绩不好而被企业解聘。

2. 能不能

除了前面提到的意愿，招人的另一个关键点是能力。

如果简单地对能力进行描述，能力就是人们在什么地方、用什么方式、做什么事情。所以，能力被分成3个方面的内容，分别是知识技能、自我管理技能和可迁移技能。

知识技能：知识技能主要指人们从小到大所学的学科主题，它是人们经过系统学习后了解的内容。如汽车、服装、植物、动物、心理学等。知识技能只能使用在特定的职业之中，并不会在所有的职业中都适用。知识技能最显著的特征是它是通过后天有意识的学习、特殊的培训获得的。

自我管理技能：自我管理技能经常被看作人格特质，它往往指的是人们做事的风格。

可迁移技能：可迁移技能是指人们选择的做事方法，即人们如何做事。比如与人打交道时，可以选择的方法有谈话、说服、管理、服务等，这些都是可迁移技能，每个人都会有使用其中一种或某几种组合的能力。可迁移技能主要从生活中获得，且可以运用到不同的工作中去。

事情想要做得完美，除了员工有意愿去做，还要求他有能力去做。这里提到的有些能力是比较容易显现的，如知识、技能、经验等，通过笔试、面试的考查即可了解一二。但有些能力却不方便考查，如越发重要的"自我管理能力"，这就需要企业和 HR 动动脑筋，想想是否有办法在招聘时对这方面的能力进行评估。

考查能力是必要的，但看一个人内在的意愿度更为重要。很多企业看人看走眼的主要原因，就是只侧重于考查一个人的"能不能"，但并没有专业而系统地分析"合不合"。若想看人不走眼，无论是招聘还是企业的内部任用，都应该对"合不合"与"能不能"两方面进行综合考查、全面判断，否则很容易因招人不慎而耽误了企业的发展大计。

三、企业中高管和 HR 要培养识人的本领

很多企业之所以看人看走眼，除了不知从哪些方面去看人，没有建立专业的看人机制，还和企业各层级管理者没有练就一双"火眼金睛"密切相关。

一方面，这与很多管理者的责任缺失有关。很多管理者会认为选人是人力资源部门的事，与自己无关。"事不关己，高高挂起"，没有在"选人"本领方面主动提升的诉求和动力，时间久了，在这方面的能力一定会偏弱。另一方面，跟很多管理者相关技能的缺失有关系，管理者不懂从哪些方面去选人、识人，也没有掌握具体的方法，这样自然不能精准地识人、用人了。

管理者的重要使命是"带团队"，是通过"团队之力"达成目标，而团队要形成力量，前提条件必须是团队的任何一员都符合企业和岗位的要求。人若不对，团队便形不成合力，进而也影响到管理者自身价值的发挥。

因此，明确管理者选人、识人的责任，并让管理者专业而系统地掌握识人、选人的本领，是企业必须做的事情。只有管理者练就了"火眼金睛"，企业的识人、用人风险才会大大降低。

总之，企业的发展一定要建立在选对人的先决条件之上。任何追求

事业可持续发展的企业，首先一定要跨过"正确识人"这道坎，人对了，企业的发展也就能步入正轨了。

|十八步做好规范标准的员工管理|

我在外企工作时的职务名是"招聘及员工关系经理"，负责员工从入职到离职的全流程管理。以下十八步是规范标准的员工管理全貌展示，供大家参考。

第一步：制定公司的招聘制度（程序）。

第二步：招聘需求的分析与确认。

第三步：制订年度招聘计划与招聘计划书。

第四步：招聘广告的撰写。

第五步：确定最合适的招聘渠道——校园招聘、社会招聘。

第六步：招聘信息的发布。

第七步：简历的筛选。

第八步：进行有效的电话邀约，通知面试。

第九步：制定面试流程、面试评估表。

第十步：面试中薪酬调查。

第十一步：笔试，面试（行为描述面试、人才测评）。

第十二步：录用决策。

第十三步：录用通知。

第十四步：背景调查。

第十五步：员工入职第一天办理入职手续，建档，签订合同。

第十六步：招聘工作复盘，招聘成本核算，招聘效果评估。

第十七步：试用期考核与试用期完结通知。

第十八步：员工异动管理——调职、调薪、升职、辞职、辞退、终止合同。

一、制定公司的招聘制度

案 例

×× 公司的招聘制度

1. 适用范围：本制度适合于 ××× 公司对外进行招聘的职位。

2. 目的：本制度旨在确保招聘程序及决策符合法律要求及内部人力资源部政策。

给予公司内部员工优先填补职位空缺机会。

3. 政策：略。

二、招聘需求的分析与确认

确定招聘需求是招聘工作的出发点。招聘需求的确认可通过以下两种渠道完成。

一种渠道是通过企业"年度人员预算编制表"来确认需要招聘的人员数量及岗位，在本书前面的内容中提到过如何编制"年度人员预算编制表"，企业一般在 11 月—12 月做新一年度的"人员预算编制表"，表中的新增空缺就是 HR 在开年后的招聘计划。另外，因部门人员变动导致的空缺，也是招聘需求的重要来源。

另一种渠道是企业各部门根据业务变动情况主动提出的用人需求。因为企业各部门经营业务活动不断发展，比如业务范围扩大等，会产生临时的用人需求。

基于这两种情况，可以设计一张"员工需求申请表"，这张表由用人部门的负责人填写，HR 和总经理批准。在申请原因部分注明是"替补空缺"还是"额外空缺"，如果是"非年度预算空缺"，则需要部门负责人详列招聘原因。

在 HR 实操中，民企很容易忽略这个环节，招人、裁人都是部门经理甚至老板一拍脑袋的决定。"说招就招，说裁就裁"，完全无视《劳动合同法》，也没有人力成本的概念。在这一点上，民企一定要向外企学习规范的招聘制度，做好年度人员预算编制，控制好招聘需求和人工成本。

扫描封底二维码，回复"员工需求申请表"。

三、制订年度招聘计划与招聘计划书

年度招聘计划的来源，就是上一年底做好的"人员预算编制表"，表中的空缺和现有人员的异动的替补，加起来就是 HR 今年的招聘计划。

具体到执行招聘计划时，还要提前写一个"招聘计划书"，内容包括招聘目的、招聘人数、招聘条件、招聘时间安排、招聘小组成员、招聘渠道、招聘费用预算等。有些公司涉及费用支出时，还要记得提前写申请报告。

四、招聘广告的撰写

招聘广告是应聘者了解企业的第一手资料，招聘广告编写质量的高低，决定着他们对该招聘企业第一印象的好坏。招聘广告对企业概况、招聘职位等方面的介绍是否恰当、规范，很大程度上影响着应聘者对该招聘企业的认可度。编制一份高质量的招聘广告，有助于企业招聘活动的顺利开展。

第一，真实合法。招聘广告内容必须真实可信，不得发布虚假招聘广告，且招聘广告所含信息要符合国家及当地的劳动法律法规和规范性

的文件，如不得包含歧视性内容等。

第二，版面设计新颖，广告语生动亲切。 公司介绍要突出公司优势，根据目标群体的需求重点展示职位中最吸引人的优势，并运用充满激情的语言鼓励求职者投递简历。

有一家叫百代旅行的公司发的招聘广告，广告语是"对一个人最高的评价不是有才，而是有趣""百代旅行，寻找有趣的你"，类似的广告语就会让应聘者对企业产生一定的好感和兴趣。

第三，重点突出招聘职位信息。 岗位说明及职责描述要尽可能详细，体现专业水准，目标群体可以有针对性地审视自己的经历经验，凭此判断自己成功应聘的可能性，企业也可以增加收到的简历的匹配性。越是正规的公司，招聘广告的职责描述写得越全面、专业。

第四，项目要齐全。 如公司介绍、职位说明、任职资格、福利待遇、收简历邮箱、截止日期、联系方式、联系人、单双休时间、公司上班区域等内容。

这里强调下公司简介，如果你所在的公司是知名公司，比如飞利浦或阿里巴巴公司，公司简介几乎可以不写，甚至只写公司名称即可。如果你所在的是一家刚创立的公司或处在成长期的公司，没有知名度，这时要在招聘广告里强调一下公司的核心竞争力，比如拥有何种新的专利技术、是××大公司产业链的上下游、创始人有什么光环等。

关于薪资待遇，如果是初创型或成长期的企业，想争取到市场上最优秀的人才，写出高薪的数字也会特别有吸引力。如果薪酬只是市场平均水平，一般就写一个概数，不写也行。

如果有非常特别的福利项目，能吸引眼球的也可以写上。但像为员工缴纳社保就不要写上去了，这个福利一点吸引力也没有。我以前在外企时，企业为每一名员工购买了商业医疗险，医院门诊报销80%，住院报销90%，子女看病报销50%，这就是我们公司当年招聘时的重要福利

"筹码"。如果是这种能看得到的好福利，就可以写上去，会非常吸引人。

我常常听到有的 HR 新手抱怨，说自己发布的招聘信息都没有人投简历，而且浏览量也少，恶性循环下去，就更难选择到优秀合适的员工了。

下面我讲一些小技巧，能让 HR 收到更多的简历。

方法一：取一个吸引人的招聘标题。

根据岗位性质写标题，先分析一下某些岗位的求职人员最关心的是什么。比如有一些岗位会写上"包吃包住""年薪十万""包住高薪诚聘"等。

方法二：勤刷招聘信息。

如果是在网络上发布的免费招聘信息，最好隔半个小时刷新一次，特别是招聘旺季的时候，如果刷得不勤，很快就会被其他企业的招聘信息覆盖了。

另外，有的招聘网站后台有简历随时刷新功能，一定要记得开启，勤刷。

方法三：根据不同的招聘目标类型选择适合的广告版本。

下面是我在招聘网站上看到的典型案例，特别能说明问题，在这里列出，供大家参考和学习。

案 例
不同招聘广告版本的效果差异

下面是外贸销售人员招聘广告的 4 个不同版本，分别称为 A，B，C，D，从中你可以判断它们的效果和可能招来的人数差异。

A 版本（传统版本）：

国内某知名大型外贸企业因为海外市场拓展需要，急需招聘大量外贸销售专业顾问，一经录用，待遇从优。相关条件如下：

- 年龄 28 岁以下。
- 大学本科文化程度。
- 国贸专业或商务英语专业。
- 英语水平 6 级以上。
- 有两年以上外贸企业销售经历和从业经验。
- 具备良好的沟通能力和谈判能力。

有意者请持相关证件到公司行政办进行面试。

评价：机械，枯燥，要求过多，严重限制了投简历的人数。

B 版本（开放型版本）：

天赋者，成就业绩！××××公司诚招销售英雄。

这是一家蓬勃发展、充满朝气的股份制外贸企业。我们走过 12 年的历程，通过了 ISO9000 认证；我们拥有一流的产品并致力于拓展全球市场；我们的核心产品新型节能环保照明设备得到客户的高度认同；我们快速发展，创造了一年 2 亿元的销售业绩。

这里有公平、公正的竞争舞台。健全的激励机制和丰厚的回报为优秀者而准备，同时，我们用严格的考评制度来拒绝一切平庸。

我们渴望优秀外贸人才的加盟！如果你喜欢销售这份职业，如果你能吃苦、有韧性，如果你渴求高额的奖金，来接受挑战吧！

评价：没有具体限制，有一定的召唤力，投简历的人数多。

C 版本（依据优秀外贸销售人员的性格特征撰写的招聘广告）：

如果你对下述问题的回答都是肯定的，请致电我们。

- 你是个闲不住的人，没事做会让你心烦。
- 你是个善于思考和分析的人，相信事出有因。
- 你不喜欢承诺，而是习惯做了才讲。

- 你认为每个人都是不一样的。
- 你擅长将一个普通朋友变成深交。
- 你的英语水平可以勉强达到 4 级。

评价：会有代入感，专门针对外贸销售人才的性格特征而撰写，投简历的适合人群多。

D 版本（适合"95 后"的版本）：

- 薪水不一定高，但一定够花！干得出色另加年底员工分红，绝对让你偷爽！
- 上班时间想 QQ 就 QQ，想微信就微信，想淘宝就淘宝，我们大家一起为中国电子商务贡献流量。
- 出入高级写字楼，人模人样当白领，光宗耀祖！
- 老板好吃好玩什么都好就是不好色，男男女女都不担心性骚扰。
- 美女同事帅哥邻居，男女搭配干活不累！
- 一帮人一起开会讨论做事情，不会让你单打独斗。
- 每天中午可以参加吃饭比赛以增强食欲。
- 不想吃外卖的同志可以自带午饭上班，公司有微波炉可供加热，另赠送 360 度无敌街景。
- 90% 的加薪由老板主动实施，不用等你来要求。
- 跟老板可以称兄道弟，勾肩搭背。
- 依法纳税，诚信经营。

评价：好玩，简单，生活化，特别适合"95 后"求职者。

五、确定最合适的招聘渠道

企业出现招聘需求后，应从企业招聘的岗位、招聘费用预算、操作可行性、招聘任务渠道性等各方面综合考虑，确定招聘渠道。招聘渠道分为内部招聘和外部招聘。

1. 内部招聘

企业内部员工比较了解企业的实际情况，对企业的忠诚度较高，而外部招募的成本和风险都要高一些，所以出现招聘空缺时应首先考虑内部招聘，在企业内部无合适人选时，再考虑外部招聘。

（1）公司内部发布职位公告。

内部招聘职位公告一般在企业的网站、公告栏、员工群内公布，包括招聘原因、岗位、数量、工作地点、任职要求以及申请程序等内容，面试流程和外部招聘一样，只是录用后办理的是工作调动手续。

内部招聘包括员工自荐、部门推荐两种形式。这种方法可以人尽其才，鼓励优秀员工有更好的未来发展。

（2）员工引荐。

员工引荐，在 HR 工作实践中被证明是比较经济实用、有效的方法。内部员工既了解企业的文化、用人方针、工作氛围、领导风格，也了解所要招聘的职位，对求职者，也就是自己引荐的人也知根知底，因此，员工推荐的人员一般稳定性强且能很快地融入企业。如果想达到更好的效果，还可以设立一些奖励计划。

案 例
×× 公司员工引荐计划

1. 适用范围

本计划适用于 ×× 公司的所有员工，以下情况除外：

• 人力资源部员工；

• 引荐人是公司高级管理层的员工；

• 空缺职位的直接或间接上司。

2. 政策

2.1 公司认为最好的招聘途径之一是员工的引荐。成功引荐任何职级员工的员工将获发一笔奖金。

2.2 奖金金额：

空缺职位的职级	奖金
中层管理人员、办公室员工	人民币 400 元
基层员工	人民币 200 元

2.3 以下情况将不会获发奖金：

• 被引荐人自行应聘空缺职位；

• 被引荐人为 ×× 公司前任员工。

2.4 成功引荐应聘者成为 ×× 公司员工的员工将获发奖金。由被引荐人入职日期起计算，被引荐人成功通过试用期及已满 6 个月之雇用，而同时引荐人与被引荐人仍作为正式员工受雇于本公司，引荐人将获发引荐奖金。

3. 程序

3.1 引荐人填写员工引荐表，连同被引荐人的简历交给人力资源部。

3.2 人力资源部根据正常招聘程序进行招聘。

3.3 在被引荐人成功应聘后，人力资源部登记备案。

3.4 人力资源部负责于被引荐人入职日期起 6 个月后发放引荐奖金给引荐人。

×× 公司

人力资源部

20××.×

员工引荐表

兹本人引荐 ＿＿＿＿＿＿＿＿＿ 先生／小姐应聘 ＿＿＿＿＿＿＿ 职位。后附其简历以供参考。本人明白该职位的招聘属于内部招聘政策并同意遵守该政策的有关规定。

引荐人姓名：

部门

职位：

联络电话：

签名：

2.外部招聘

（1）通过网络、报纸、期刊、电台等。

企业可以通过网络、报纸、期刊、电台等媒介向公众传递就业需求信息。

在电视、广播电台、人才类报纸发布招聘广告，十几年前的企业会选择这种方式。在移动互联网时代，由于网络成本低、受众面广等，网络招聘逐渐成为主流，是近年来多数企业习惯选择的招聘方式。

招聘网站有 3 种类型：第一种是综合性的招聘网站，比如前程无忧、智联招聘；第二种是细分行业的招聘网站，比如专门的酒店行业的招聘网站、建筑行业的招聘网站等，又或者是细分目标人群的招聘网站，比如大学生毕业求职网站等；第三种是政府的一些公共的免费招聘网站。

这些渠道比较适合中层、基层员工的招聘。如果是高层，如总监级的招聘，很显然，网络招聘渠道上的好简历并不会太多。

（2）现场招聘会。

现场招聘会是比较传统的招聘方式。1997 年我入行做 HR 时，也是现场招聘会最火的开始。那时网络没这么发达，求职者去一次现场招聘会，可以看到成百上千个工作岗位。

企业也乐于参加现场招聘会，与应聘者面对面交流，对不符合条件者直接婉言谢绝，与初试合格者约好复试的日期。现场招聘会不仅能让企业对应聘者有生动、全面的感官认识，还能缩短招聘周期，提高招聘效率。

常见的招聘会主要有 3 种形式：政府人才市场公益性的综合或专场招聘会，民营人力资源中介机构举行的现场招聘会，高校就业办举办的毕业生现场招聘会。如今仍然存在现场招聘会，常见的是一些蓝领的现场招聘会和大学生专场的招聘会。

如果你作为企业方去参加现场招聘会，需要注意以下几点：

第一，看清楚招聘会性质。是专场招聘会还是综合性招聘会，是针对初级人员还是高级人才，是应届毕业生还是社会人员。而且要确定招聘会目标群体和你要招聘的对象是否符合，再决定是否参加。

第二，要提前了解招聘会主办方的宣传力度如何。以往的口碑是否合格，预期的招聘对象人数是否有保证，有无可能收到更多的简历，收费标准是不是在你的招聘预算内。

第三，争取一个好的展位，设计吸引人的招聘海报，注意当天面试官的形象，保持良好工作状态（不要玩手机），耐心礼貌回答求职者的提问。对于不合适的简历，不要在离开招聘会现场时随意丢弃在现场，里面的信息，如身份证复印件、含有个人信息的表格等都是个人隐私，最好拿回公司再做处理。

（3）校园招聘。

企业的发展离不开优秀人才的加盟。高校是人才培养的集中地，且大学毕业生具有极大的提升潜力，因此，知名公司几乎每年都会举行规模庞大的校园招聘会，为公司招揽人才。

从某种程度上讲，企业的校园招聘会除了招聘所需人才，另一个目的是为企业做宣传，通过企业有关人员的介绍，帮助学生感受企业文化和发展理念。

企业校园招聘的流程，第一步是根据这次招聘需求选择目标性大学。之后跟大学就业指导中心的老师取得联系，得到学校或院系的同意后，预约好校园宣讲的时间，租好场地。提前半个月左右在校园内做广泛的宣传，可委托校方或学生会组织来做这件事，只有宣传面广，宣讲会来的学生才会比较多。

然后是2个小时左右的校园宣讲会，播放公司宣传片，内容包括企业的发展历史、用人理念、企业文化等。接下来，由人力资源部门负责人或营运副总级别以上的同事为大学生介绍公司，由招聘负责人介绍公司的招聘岗位、招聘条件、相关福利待遇、发展机会，公司的人员接受学生的现场提问。最后，感兴趣的学生投简历，HR收集简历，回去按流程组织笔试或面试。一些知名的大公司，一场宣讲会下来便可以收到如雪片般的简历。

校园招聘的优点是针对性强，可以根据企业岗位需要选择不同的大学、对口的专业，选择面比较广。大学是培养人才的基地，学生的可塑性强，有工作激情，往往具有较强的接受能力。但校园招聘的缺点在于大学生的职业化素养普遍不够，从思维到工作技能上都需要一个从"学生"到"社会人"的转变过程，因此企业必须投入非常高的培训成本。另外，招聘到的学生对企业的期望值可能会过高，在实际工作中比较容易产生不满情绪，人员流动率相对来说也会比较大。

因此，企业要制订详细的"管理培训生计划"和"新员工入职培训计划"，要耐心细致地培训和辅导这些年轻人，帮助他们尽快从"大学生"的角色转变到"职场人"的角色。

（4）人才中介公司。

人才中介公司分为官方和民营两种形式，各有特色。企业根据招聘需求，都可以进行合作。合作前要看人才中介公司的资质，有没有"人力资源服务许可证"，这个是最基本的前提。双方在合作前可通过多次的沟通洽谈，找到合作的理由和方向。

（5）猎头招聘。

"猎头"在英文里称 headhunting，在国外，这是一种十分流行的人才招聘方式，特指猎夺人才，即发现、追踪、评价、甄选高级人才。高级人才委托招聘业务，又被称为猎头服务或人才寻访服务。专门从事中高级人才招聘业务的中介公司，往往被称为猎头公司。

猎头公司是依靠猎取社会所需的各类高级人才而生存、获利的中介组织。猎头公司不对个人进行收费，而是向企业收费。与普通人才中介和人才交流中心不同，猎头公司往往采取隐蔽猎取、快速出击的主动竞争方式，为需要高级人才的客户猎取人才市场中得不到的高级人才。

猎头公司需要提供人才评价、调查、协助沟通的顾问咨询服务，中介公司往往是非常简单的撮合；猎头收费很高，中介服务收费往往比较低；猎头主要是主动寻找人才，中介更多的是现有资源的撮合。另外，中介公司更多地为找工作的普通人服务，猎头公司更多的是为能力强、职业道德好的人才服务。目前猎头服务费行规是年薪的 20%~30%。

整个猎头产业链有 3 种形态的公司，每个类型的公司商业模式都不一样，收费方式也不一样。比如金字塔尖的猎头公司收费模式主要是过程收费，可能人还没招聘到位，费用已经收了一大半；第二个类型的猎头公司是按照结果收费的，有预付款，但只有人选上岗后才收取服务费；第三个类型是按序列收费，主要是中低层批量招聘，一般收取人选 1.5~2

个月的月薪作为招聘费。

每个 HR 在从业过程中，基本上都会有跟猎头公司打交道的机会。在选择猎头公司时，一定要注意按行业职能细分猎头公司。好的猎头公司会更为专注，只做自己最擅长的领域，人才储备多，成功率高。

六、招聘信息的发布

做完前面 5 步，你就确定了最合适企业的招聘渠道，接下来就可以发布招聘信息了。因为招聘渠道的不同，所以你需要选择不同的发布形式。

七、简历的筛选

对做招聘的 HR 来说，这一步是工作常态。我的经验是，在筛选简历的同时建立企业的招聘人才库，做好人才储备工作。收到简历后，在电脑里面先建 3 个文件夹，粗选第一遍。

A：简历第一眼看上去不错的，先放到这个文件夹里，特别亮眼的简历，标注 A+。

B：应聘者能力不是特别强，但基本能胜任岗位需求的简历。

C：一看就是完全不符合企业岗位要求的简历。

分完类，就多花时间认真看 A 类文件夹里面的简历，重点筛选面试的对象。

建立招聘人才库，有利于招聘人员区分应聘者的信息，促进招聘的顺利开展，也可以为企业提供不时之需，解决企业临时用人的问题。

HR 可以从下面 3 个方面来筛选简历：

第一，先扫一眼全局，看简历外观。简历结构是否清晰，语言是否简明，排版是否美观。要重点看应聘者的基本信息，包括所应聘岗位、学校、专业、年龄、家庭情况、工作年限、居住地的远近、针对此岗位的匹配程度等硬性指标。

第二，找重点。 寻找全文中的"关键字"，尤其是最近两段到三段的工作经历，与岗位内容相关的工作业绩、工作结果等信息，分析这个人是否符合企业用人标准和岗位的任职条件，关注简历中所展现的应聘者的综合素质，估计一下和企业的匹配度有多少。这些信息便于 HR 判断求职者的职业连续性、专业应用程度、工作后的职业发展、受教育情况等，以便在面谈时核实企业的关注点。

第三，注意简历中各项经历的起止时间。 有无重叠、空白和矛盾之处，从而辨别信息真伪，如有一点疑问，做下记号，面试时一定要问清。

在实际工作中，一些 HR 因为阅历不够，面对一些专业技术岗位、中高层管理岗位的应聘者简历时，可以请公司内部技术负责人或中高管对简历内容加以识别，再决定是否把应聘者加入面试的名单。

按我的经验，第一轮面试的人员是 1 : 4 的比例，高一点是 1 : 6。前提是第八步的电话邀约要做得好，确保你打电话通知的 4 个人都会来面试现场。

八、进行有效的电话邀约，通知面试

简历筛选完成后，就应该对符合条件的应聘者发出面试通知，约定面试时间和地点了。HR 新人经常遇到的一个问题，就是电话通知面试者来参加面试，打了 10 个人的电话，结果只来了 3 个人，到场率特别低。原因是多方面的，比如有的人不那么着急找工作，位置远一点就懒得跑了；还有的人接到了其他公司的面试邀请，因为时间冲突只能选择放弃其中一家公司。那么，有没有方法可以避免这些问题出现呢？

我做了 8 年的一线招聘工作，下面列出的是我自己总结出来的面试邀约流程，希望对 HR 新人有所帮助。

1. **我习惯的流程和经验**

（1）面试的时间定在哪天比较合适？

我会把面试定在周日白天。因为优秀的求职者，八成是有现职工作单位的，工作日并不好请假。虽然 HR 和面试官辛苦一些，但为了给公司招到合适人才，这是值得的。

（2）每一个求职者的面试时间如何安排？

不专业的 HR 常常会通知求职者全部在面试那天早上 9 点来公司，结果来了 10 个人，小一点的公司都没有地方坐。最不专业的是，每个求职者的面试时间至少是 30 分钟，早上 9 点来的求职者，有可能要等到下午 2 点才能面试。这种安排既浪费了应聘者的时间，也使原本的面试流程无法正常实施下去。

我一般会通过面试安排表来解决这个问题。求职者来了先填"应聘申请表"，给 10 分钟的时间就足够了，然后

> 扫描封底二维码，回复"面试安排表"。

见面试官 30 分钟。按这样约求职者的面试时间，现场就会变得井然有序。前台文员要帮助面试官做些接待工作，在表上最后一栏记录下每一个求职者实际到达的时间。这也是面试官要综合考虑的因素，一个面试迟到的人，面试官要掂量一下他对公司的热情度。

（3）一场面试的时间长短根据岗位而定。

我以前在沃尔玛招基层员工，10 分钟的面试时间就能判断是否录取。如果是技术岗位，HR 面试 10 多分钟，感觉还行的，给技术部门负责人进行复试，复试时间 20~30 分钟。如果是面试经理级、总监级员工，整个面试时间 45~90 分钟。注意，面试时间不要太长。

（4）打电话邀约面试是技术活，不要随意分配给前台文员去做。如果来的求职者少，选不出合适的员工，这个活 HR 还得重复做，费时费钱费力。

根据求职者应聘岗位级别和紧急程度的不同，HR 也要根据自己的岗位级别对应邀约，这样会让受邀者感觉到公司的重视。比如招聘经理级以上员工时，邀约电话让 HR 专员打就不合适了，而应该由 HR 经理出面。

（5）邀约电话什么时段打比较合适？

个人建议在午饭后，中午 12：30—2：00 的时间段为宜。在晚饭后或者周末打也可以，这比较适合目前仍在职的求职者。在非上班时间打电话，求职者处于比较放松的状态，有利于 HR 多了解他的情况，包括家庭、就业方向、偏好等，通话时间在保证所要表达的信息完整的同时不宜过长。

（6）HR 在电话邀约时，应以平和的语气进行沟通，不能居高临下，也不能过分求贤若渴。要采用有礼貌的称呼和职业化的语言，准确清晰地表达相关的事宜。

一般受邀者分为两种情况，一种是主动投递简历的，一种是 HR 使用搜索功能查询到的。所以，在电话邀约的第一句就要主动说清楚，HR 是如何得到求职者的电话的，要在第一时间消除受邀者的戒备心态。

2. 打电话邀约的流程和话术

第一步（话术一）：确认对方身份后，自报家门，表明公司和获取简历的渠道，并询问此时是否方便。

您好，请问是张 ×× 吗？这里是武汉 ×× 公司，收到您在前程无忧上投给我们的简历，您这会儿方便接听这个电话吗？我想和您通话 5 分钟。

如果对方方便，继续第二步话术，如果对方还没离职，不方便此时在公司接听你的电话，或者对方正在一个环境非常嘈杂的地方，你就可以接着问："今天我何时打电话给您比较方便？"或者说："这是我的电话，请您一会儿方便时回给我，好吗？"

第二步（话术二）：告知面试职位和职责，关键看对方的反应。

收到您投给我们公司的简历，应聘营运主管一职，您还记得吗？

您是否有兴趣来参加我们公司的面试呢？

您确定周日会来参加面试对吗？

如果应聘者清楚地记得自己所应聘的公司名字和职位，说明他对公司和职位都十分感兴趣，再听他的语气语调，有没有在接到你的面试电话后有高兴、兴奋的状态，如果有，那么他来参加面试的可能性有90%。如果是这样的情况，就可以直接用话术三了。

如果应聘者不太记得有这回事，要么说明他是没有目的性的，简历采取广撒网的形式；要么说明他完全没有个人职业规划，也没有明确的方向和目标，乱投简历。你可以从这里推断出这个年轻人对未来的工作是否有一个好的态度。这种情况下来面试的可能性有50%，这时，你说明面试职位和职责后一定要问下他是否对此职位有兴趣，有兴趣继续下一步，没兴趣就直接可以说再见了。

第三步（话术三）：

我们面试的时间是本周日上午，您的时间是上午10：00—10：30，需要9：50到公司，提前填一张表，请问这个时间可以吗？

对方可能有两种回复，如果回复的是"OK"，那么就可以接着第四步话术了。

如果对方回答"对不起，10 点我来不了"，HR 就用"面试安排表"上的其他时间段和他做沟通，直到确定好时间为止。

第四步（话术四）：

我一会儿把面试的时间、地点、路线图和需要带的资料，用短信的方式发到您这个手机号上，方便您来面试，请注意查收。请您准时来参加面试，我的电话也会发给您，一旦有意外情况来不了，请及时联系我。

第五步（话术五）：使用电话通知面试，不便于求职者记录时间和地点，通过电话后，最好再给求职者发一条短信。

××先生，很高兴地通知您，您的简历已通过我们公司的初步审核，现通知您于本周日下午 2 点到本公司参加面试，地址：××区××路××大厦××座××层。地铁×号线，××站下，××口出直走 200 米右拐。请携带简历，身份证原件和复印件 1 份，最高学历原件和复印件 1 份。我们恭候您的准时到来，有疑问拨打电话××××××，收到此短信，确定可以准时来参加面试，请回复我们，谢谢！

××公司人力资源部

第六步（话术六）：在面试当天，可以再次电话确认一下求职者是否在路上，是否可以准时到达。特别是对于管理岗位，HR 在邀请了公司高管担任主考官的情况下，更要确保求职者的状况，准确掌握面试进度，以便出现突发状况时及时调整。

再分享一个小技巧。当简历看起来非常优秀，HR 和老板特别想见面沟通，邀请此人加入公司时，在电话约谈的时候，除了上面的话术，如果老板或者 HR 能够及时准确地说出对方在简历上列出的信息，并恰当地进行提问，会让求职者感到被重视，从而提高邀约的成功率。

电话邀约是受邀者与公司的第一次沟通，在沟通中，HR 传达的信息、展现的职业成熟度，都成为受邀者判断公司实力的最初参考，电话沟通的好与坏直接决定了求职者的应聘态度。HR 做得专业，才能事半功倍，提高邀约成功率。

九、制定面试流程、面试评估表

面试，是双方双向选择的过程，也是求职者和面试官进行深层次了解、交流的过程。

面试的场地，一般选择私人办公室或小型会议室，封闭、干净、整洁、安静，温度和光线适宜，没有噪音干扰。

面试官与求职者的距离在 1.5~3 米比较合适，太近或直面会让求职者产生心理压力，面试官和求职者相对而坐并形成一定的视觉角度较为适宜，座位高度以安排相同高度的座位为宜。

公司宣传册可以放一些在前台，供等候的求职者翻阅，并准备签字笔给大家填表。如果给每人都提前倒好一杯茶水，便会让等待的求职者感觉更好。

"职位申请表"要设计得比较全面、科学。最下面的"声明"从劳动法的角度来看，非常重要。

> 扫描封底二维码，回复"职位申请表"。

面试前，让求职者填写统一格式的申请表，方便面试官梳理问题和做比较。其中"工作经验"里面需要填的内容有"起止时间""调整工作原因"等，可以和求职者的简历对应起来看，找一下有没有漏洞，面试时多问过去的经历。

"是否签署竞业限制"，在招聘高管和技术人员时，这个问题非常重要。

"证明人"，是让求职者填写上一家公司的上级或 HR 的资料信息，方便以后做背景调查。如果求职者大大方方地填写，说明和前东家关系融洽，是按《劳动合同法》办理完工作交接的，如果故意空着不填，面试官在面试时就要留意询问澄清了。

面试评估表是我做 HR 时设计的表格，初创期和成长期的企业老板和 HR 面试时可以把这个表作为指引，思考从哪些方面设计面试问题考查求职者，如何打分。面试完所有人后根据评分和评价做权衡比较，然后做最终的决策。

表中的第四部分是"企业文化相融程度"，表中所举的例子："全情投入""积极进取""天天进步、终身学习"，是我原来工作过的外企的企业文化，民企在使用时，记得换上自己的企业文化关键词。

扫描封底二维码，回复"面试评估表"。

表中最左一列的内容，可根据自己公司的情况进行修改，做一张最适合你们公司的面试评估表。

十、面试中薪酬调查

在面试的同时 HR 可以同步做两个小调查，最重要的当然是"同行业的薪酬调查"。在做社会招聘时，收到的简历中，有许多人来自和你同行业的公司，甚至是竞争公司，随手做下薪酬调查，会让你的招聘工作事半功倍。

表格没有取"同行薪酬调查表"这个名字，是因为它有点敏感了，所以我叫它为"面试调查表"。一年之中，你可能要做好几轮的社会招聘，这些调查信息都是一手的真实信息，平时就收集起来，可作为你日后做公司薪酬调整、年度调薪等时的参考资料。

扫描封底二维码，回复"面试调查表"。

十一、笔试，面试（行为描述面试、人才测评）

1. 笔试

企业针对应聘职位精心设计的具有系统性的书面问卷，涉及范围不仅包括应聘职位的具体工作内容，还要重点考核应聘者是否具备应聘职位所要求的综合能力。笔试问卷要由人力资源部门和用人部门共同编制完成，用人部门侧重考查应聘者的专业知识和技能水平，人力资源部侧重考查思维能力、文字表达能力和综合分析能力。流程一般是成立笔试出题小组，编制笔试题目，组织试题测试，审阅评估试卷，发布笔试成绩这几个环节。

2. 面试

在这个环节，面试官的专业水平，包括素质、能力、性格等都会影响到面试的质量，在这个无法完全量化、比较主观的活动中，如何才能提高招聘面试的效果呢？

不要以为人人都会做面试官，先问你几个问题：

- 面试前，你有明确岗位的考查维度吗？
- 阅读简历后，你能确定此次面试的基本要点吗？
- 对于面试问题的设计，你有清晰的逻辑框架吗？
- 你能分辨有效问题和无效问题吗？
- 如何在面试过程中进行雇主品牌建设？

上面这些问题，就是在考查你是否具备面试官的素质和能力。根据我的总结，一个面试官需要具备的素质和能力有：

（1）良好的个人修养和品德。在面试过程中，面试官的言行不仅反映出个人的修养水平，而且代表着企业形象。因此，面试官当天一定要穿正装，举止大方得体。

（2）了解组织状况及招聘岗位要求。在了解企业组织状况及招聘岗位任职要求的基础上，才能明确标准，帮助企业选出真正符合要求的人才。HR不仅要掌握面试和人才测评等专业知识，还要补充一些业务、营运知识，对每一个岗位要有基本的了解。

给大家举个例子：我转行进入一家零售企业后，在开业前一个月，要进行一次大规模招聘，完成面试4000人录取400人的招聘任务。HR召集了所有部门的负责人（也是面试官），开了一场"头脑风暴"研讨会，主题是"我们需要什么样的人"。下面是我们当时讨论的结果：

主题：我们需要什么样的人？

共性：诚实可靠、忠诚、性格外向开朗、心态良好、积极向上、有主动性、细致、谨慎、乐于助人、有爱心、有职业道德、敬业、好学上进、有团队精神、合作意识强、善于沟通、有责任感、服务意识强、吃苦耐劳、勤奋务实、执行力强、可塑性强、良好的纪律性、严格遵守程序、当天工作当日完成、能及时发现自身错误并及时跟进、有奉献精神……

各分区的特别要求：

非食品：有相关专业知识，广播间员工要有播音经验，有良好的创作意识和写作能力。××部门员工要求有收银技能，××部门送货员工要求强壮、身体素质好。

鲜食：文化素养高，修养好，有相关工作经验。

食品：性别比例参考"二八"原则，表达能力强，具有文艺天赋和表演才能，要有激情，男士优先。因为要在楼面做顾客服务，所以相貌要端正。

前台：开朗活泼，有奉献精神、表演天赋，有条理，有服务意识，对数字敏感。

开完会后，HR 给大家做了一场关于"面试时如何有效提问"和"标准规范的招聘流程"的内部培训，以提高大家的选人技巧。后来，在大家的共同努力之下，我们顺利完成了招聘 400 人的任务，新店也得以顺利开业。

再说一下标准的面试流程和话术。

第一步：建立轻松友好的气氛。

> 欢迎你来参加我们的面试，来的路上还顺利吧？
> 今天天气感觉还不错。

第二步：导入面试。

> 请你花 3 分钟的时间介绍下自己，从大学开始说起吧。
> 家里父母对你有什么期待？
> 请谈下你的工作经验。
> 你从原来单位离职，原因是什么？

第三步：根据具体岗位职责和任职要求，对胜任能力做重点考查，前提是要搞清楚每个岗位所需要的能力关键点是什么，这样才能知道如何发问。

> 过去的工作经历中，做得最成功或最失败的一件事是什么？当时是什么情形？后来结果怎样？你有什么总结？
> 你的老上级或老同事对你的评价是什么？
> 你觉得自己有哪些优势可以胜任这个岗位。

第四步：在面试官问完所有问题，结束面试之前，给求职者一个提问的机会。

你还有什么问题想咨询我吗？关于我们公司，关于这个岗位？

第五步：面试结束后，记得和求职者说明如何向其告知面试结果。

非常感谢你今天过来参加我们公司的面试，面试的结果会在7个工作日内做出，如果面试通过，我们会主动联系你；如果没有，代表我们这次没有机会合作，希望以后还有机会，谢谢。

HR新人在没有太多面试经验时，最难的是不知道如何设计面试问题，如何才能问出精确有效的面试问题。按照问题的基本语法逻辑，求职者的回答能提炼出清晰的事实根据的问题，即为有效问题。有效问题的合理假设是指过去的行为可以预测将来的行为，这条假设基于人的行为模式的一贯性。

3. 行为描述面试法

在HR实操中，用得最多也最有效的面试方法是行为描述面试法。行为描述面试简称为BD（Behavior Description）面试，是一种特殊的结构化面试，与一般结构化面试的区别在于，它采用的面试问题都是基于关键胜任特征的行为性问题。

这种方法通过应聘者对过去某种经历的具体描述，帮助HR了解其在特定环境中的行为模式，并将这种行为模式与招聘岗位所期望的思维模式进行对比，从而预测其在未来工作中的行为表现。

行为描述要求应聘者就某一行为的情景、工作任务、工作结果和个人能力展开叙述。一个完整的行为事件包含以下4个要素，简称为"STAR"。

• 情形（situation）：行为事件发生的背景或情境，即该事件是在什么背景或情况下发生的。

• 任务（task）：在一定的情境下所需达成的目标，或应完成的工作任务。

• 行动（action）：为达成目标所采取的行动，或采取什么样的行动确保任务顺利完成。

• 结果（result）：该事件所产生的效果如何，或最终取得了什么样的结果或成就。

下面举一些行为描述面试的例子：

• 请告诉我，最近你在投标项目中碰到的最难以解决的一个问题。当时你是在做什么项目？这件事是在什么时候发生的？你是如何解决这个问题的？

• 请讲一件你在工作中调整自己去适应客户要求的事情，这件事是在什么时候发生的？事情发生的背景是什么？最后的结果怎么样？

• 作为销售主管，请告诉我一件你教导团队中某位难于同他人合作的人的事情。当时的事件背景如何？你运用了什么样的方法解决了这个问题？

• 请举一个例子，说明你是怎样学习一门技术并且怎样将它用于实际工作的。

• 请讲述在大学期间，你所负责的组织涉及人数最多、规模最大的一次活动。

• 请举一个例子，说明你在完成一项重要任务时，是如何和他人进行有效合作的。

除此之外，人才测评也是在面试中常用到的方法。简单来说，人才测评是运用心理学、管理学及相关学科的研究成果，通过心理测验、情境模拟等客观化方法对人的能力、水平、性格特征等因素进行测量，并根据职位需求及企业组织特性对其素质状况、发展潜力、个性特点等心理特征做出科学的评价，为企业用人、选人、育人等人力资源管理和开发工作提供有价值的参考信息。

作为 HR 新人，要先有这么个概念，等自己的管理级别做得高了，公司规模日渐大了，再好好地学习人才测评技术。根据我的经验，HR 不能迷信人才测评，它只是工具之一，要结合面试结论，才能选出真正合适的人才。

十二、录用决策

在应用笔试、面试等多种测试方法对应聘者进行选拔评估后，面试官便可以根据应聘者在甄选过程中的表现，对获得的信息进行综合评价和分析，判断每位应聘者所具备的素质和能力，然后根据预先确定的人员录用标准做出录用决策。

"新员工录用建议表"：此表内容由 HR 和部门负责人商量后确定，通过面试时收集的一些数据，为新员工填写"建议工资""级别""职位""建议上班日期"等内容。其中，"建议工资"取决于 4 个数据，即对应聘者的面试评估、上一家单位的实际工资标准、期望工资、市场上同等或类似职位的薪酬水平。另外，最主要的一个指标，是你所在公司的薪酬体系，他是什么级别，入职的工资数就定在多少。此表格由人力资源部门审批完，给相应的管理层签字后，才算完成。

> 扫描封底二维码，回复"新员工录用建议表"。

十三、录用通知

录用通知书在前面的章节专门有讲，这里不再重复，只单独讲一下"面试结果通知书"。

（案 例）

面试结果通知书（辞谢通知书）

尊敬的先生/小姐：

　　非常感谢您应聘我公司职位并参加了公司组织的面试。您的简历及面试表现均非常出色，但遗憾的是我公司此次招聘名额有限，不得不暂时放弃部分应聘的优秀人才。我公司对您的应聘资料将严格保密，并妥善保存至少一年，在此期间，如果公司发现对您更为合适的职位，将尽快通知您。

　　再次感谢您对我公司的厚爱和支持，预祝您事业成功，鹏程万里。

××公司人力资源部

日期：　年　月　日

　　当招聘经理、总监、副总、高级技术人才时，我会给落选的、综合素质非常不错的应聘者单独回复这样的邮件。这代表了企业对人才的尊重，体现 HR 的专业水平。这里面其实还有一点私心，你猜得到是什么吗？

　　在面试中高管时，从 5 个候选人中精挑细选了 1 个后，另外 4 个不要就这样冷处理了。有可能他们适合其他部门的岗位；有可能精选的这个人最后因个人原因没有入职……无数变数都是有可能的，有时也没有足够时间重新发招聘广告，再走一遍招聘流程。所以，如果出现了变数，那么你从 4 个备选里面再选择 1 个，也是可行的。

十四、背景调查

　　"春眠不觉晓，简历来骚扰。面试自荐中，忽悠知多少。"网上流传颇广的这首打油诗或多或少折射了企业 HR 对虚假应聘材料泛滥的无奈。其背后则是企业与人才市场的"两难境地":一方面企业人才空缺、求贤若渴;另一方面人才市场鱼龙混杂,忽悠撞骗比比皆是。

面对这种状况,HR 最应该做的就是背景调查了。背景调查是指从外部求职者提供的证明人或以前公司那里搜集材料,来核实求职者的个人资料的行为。这是一种能直接证明求职者情况的有效方法,可通过各种正常的、符合法律法规的方法和途径,获得被调查者背景资料的相关信息。将获得的信息与被调查者提供的简历信息、面试收集的信息等进行比对,成为企业人力资源管理者对员工聘用的参考依据,为人才决策提供了重要的材料。

通过背景调查,可以证实求职者的教育和工作经历、个人品质、交往能力、工作能力等信息。在外企,背景调查已经成为招聘过程中必不可少的一个环节。但民营企业对此却没有引起足够的重视,正因为此,一些求职者随意编造工作经历,到处招摇撞骗,让不少企业深受其害。

企业面试经理及以上人员和一些比较重要的岗位时,如财务、采购、技术、人力资源等职位,背景调查尤为必要。在 HR 实践中,一定要对此项内容足够重视,避免企业因没做背景调查而招来不必要的麻烦,甚至产生严重后果。

扫描封底二维码,回复"背景调查表"。

十五、员工入职第一天办理入职手续,建档,签订合同

员工的录用通知书上要规定,在入职前去指定的医院或卫生防疫站做入职体检。HR 提前联系好指定的机构,通知新员工自己去体检,在报到当天拿体检报告来办理入职手续。

HR 要查验相关证件的原件,并复印一套,给新员工建个人档案。我担任过一些民营企业的人力资源顾问,发现这些企业连最基础的人力

资源建设都没有，问公司有多少人，老板都说不出一个准确的数字来，一些劳动法层面要求的员工资料就别提有多乱了。

我当 HR 时做过一张"个人档案明细表"，HR 新人可以以此为指引，按上面的要求建立一份完整的公司员工档案，规范管理，相信对企业的未来发展也有很大帮助。

> 扫描封底二维码，回复"个人档案明细表"。

关于这个表格，有两点要特别注意：

第一，必须有求职者的原公司离职证明。

《劳动合同法》第五十条规定："用人单位应当在解除或者终止劳动合同时，出具解除或者终止劳动合同的证明。"所以，你招聘的新员工在办理入职手续时，必须能给出上一家公司的离职证明原件。如果拿不出来，HR 就要特别小心了，有可能这个员工还没有办理好上一家的离职手续。

《劳动合同法》第九十一条规定："用人单位招用与其他用人单位尚未解除或者终止劳动合同的劳动者，给其他用人单位造成损失的，应当承担连带赔偿责任。"也就是说，如果员工没有和上一家公司按正常劳动法流程办理辞职手续，导致上一家公司没有给他开具离职证明时，那么这个员工的职业化程度就要打一个问号了。

如果新员工解释说是上一家公司的问题，不是他的问题，所以开不出离职证明。这种情况下，至少要让这个员工手写一份"离职声明"。

案 例
离职声明

致：××公司

　　本人＿＿＿＿＿＿，已于＿＿＿＿＿＿年＿＿月＿＿日从＿＿＿＿＿＿公司离职，该公司为加入贵公司之前最后任职的公司，并已办清所有离职手续。

本人郑重承诺，如先前劳动关系给贵公司造成了损失，本人愿意全部承担，并愿意接受贵公司因此所做出的任何处罚。

签名 ＿＿＿＿＿＿

年　月　日

第二，新员工入职时登记表填写的个人信息，随时间的推移需要做一些更新。 比如从未婚状态到结婚状态、学历提升、家庭住址变更等，HR 为员工建立的"个人档案"，要保证信息都是更新的和准确的，这时就需要下面这份"员工个人资料变更登记表"了。

扫描封底二维码，回复"员工个人资料变更登记表"。

案 例
员工个人资料（变更）登记管理指引

1.目的

及时、准确地记录员工的个人资料，以保障公司利益及员工的利益与个人安全。本指引的"个人资料"特指姓名、身份证（相关内容）、户口所在地、家庭住址、现住址、紧急联系人情况、婚姻状况、家庭成员和最高学历等情况。

2.相关文件

员工个人资料变更登记表。

3.适用范围

本指引适用于 ×× 公司全体员工。

4. 管理指引

（1）为保证员工个人资料记录的完整性，人力资源部在新员工上班第一天，就将面试时填写的职位申请表存档在个人档案里。

（2）员工原先呈交的个人资料发生任何变化，员工都应主动向人力资源部索取并填写个人资料变更登记表，并在变化发生之时起一周内将该表格交至人力资源部。

（3）如员工因工作需要而发生工作地点的变更，应在到新岗位报到后的一个月内填写个人资料变更登记表，并交至人力资源部。

（4）为保证员工个人资料记录的完整性，人力资源部在收到表格的两周内将所有资料输入电脑，并将表格放入员工个人档案。

5. 相关责任

员工的直属上司无论从何途径获知员工个人资料发生变化，都有责任提醒其填写个人资料变更登记表，并督促其将填妥的表格交至人力资源部。但不论上司是否尽到提醒和督促的责任，因员工未按本规定报告其个人资料的变化而引发的公司或员工本人的一切损失，由员工负全部责任。

本指引自公布之日起立即生效。

××科技公司

人力资源部

××年×月

办理完备的员工入职手续，不仅是人力资源日常工作的需要，也是为了防范一定的劳动法风险。下面和大家说一个让我印象深刻的例子。

几年前，有一名员工，他的上一份工作是公交集团的司机，他没有履行提前30天跟公交集团辞职的手续，交了辞职信的第二天就去下一家公司面试，被现场录取。第二家公司的 HR 在给这位司机办入职手续时，没有要离职证明，也没有询问社保事宜，就把劳动合同签了。

事实是，因为司机交了辞职信就走人了，上一家公交集团的 HR 还在等他回来交接，并没有去社保局办理转出手续。结果，该员工在上班的第三天路上被电动车撞倒骨折，8 级伤残，员工去劳动局仲裁，法院判第二家公司赔偿 14 万多元。这对第二家公司来说，是多么惨痛的教训！

上面案例中除了离职证明，出现的另一个问题就是有关新员工社保的风险。如果新员工的上一家公司没有转出其社保，第二家公司是没办法为新员工缴纳社保的。当发现新员工的原公司没有对其社保办理转出手续，致使本企业无法缴纳的时候，请一定与新员工签署一份书面确认文件。有了这份书面记录，就能证明企业没有给新员工办理社保的真正原因了。

案 例
关于无法办理员工社保的原因的确认书

××员工，我公司根据国家法规，为您办理参加社会保险的手续，但是您的原公司没有办理社保转移或转出手续（或者其他原因），致使我公司无法为您办理继续参加社保的手续，请您立刻与原公司联系，以便我公司可以顺利为您办理社保续交手续，在您的社保手续未转移或转出期间的责任，由您自己担当，特此双方确认，本确认书一式两份，公司和员工各持一份。

公司（盖章）：　　　员工（签名）：

日期：　　　　　　　日期：

员工的入职管理中，最重要的一项工作便是签订劳动合同。劳动合同是用人单位与员工确立劳动关系，明确双方权利和义务的书面证明。

《劳动合同法》第七条："用人单位自用工之日起即与劳动者建立劳动关系。"

《劳动合同法》第十条："建立劳动关系，应当订立书面劳动合同。已建立劳动关系，未同时订立书面合同的，应当自用工之日起一个月内订立书面劳动合同，用人单位与劳动者在用工前订立劳动合同的，劳动关系自用工之日起建立。"

新员工报到第一天，只要交齐员工档案目录中的所有必备文件（这是绝对的前提），HR 就可以和新员工签订劳动合同了，新员工资料不全的，要催促其尽快补全。HR 一定要记得，务必在 30 天内把合同签了，否则很难界定是企业不愿意订立，还是 HR 忙晕了头忘记签了。

劳动合同一定是劳动者本人签字，不可由他人代替签字，否则会导致合同无效。有时候，HR 也需要想办法预防有人利用法律条款，刻意制造企业违规情况而图财牟利。

十六、招聘工作复盘，招聘成本核算，招聘效果评估

1. 招聘工作复盘

每一次招聘工作完成，HR 都要召集招聘小组成员开会做复盘，及时进行总结。包括招聘准备工作、招聘实施、选拔录用、招聘成本、招聘工作的改进建议等，都可以在会上进行讨论。

然后，HR 撰写《招聘评估报告》给公司的管理层，招聘评估报告一定要简明扼要、实事求是，通过数字、图表等说明招聘工作的效果。

评估报告内容包括这次招聘的目标、开展流程、招聘小组成员、持续时间、招聘完成情况、招聘成本分析、招聘实施效果与招聘计划差异分析，并提出意见和建议，比如在保证招聘效果的情况下如何降低招聘

成本。最后进行一下总结，附上招聘评估中收集的资料、图表等数据。

2.招聘成本核算

HR每年底根据"人员预算编制"，加上员工正常流失率，可以估计出第二年的招聘工作量。再结合以前的招聘成本的累积数据，可以做出第二年的招聘预算，等第二年12月时，将当年实际的招聘花费和预算做比较，持续几年后，你为企业做的招聘预算会越来越准确。

3.招聘效果评估

招聘工作不是做一次就不做了，一般企业一年要做好几次招聘工作，有的人力资源管理做得不好的民营企业，恨不得月月做招聘。这样不停地招人，离职，再招人，是一种严重的恶性循环。其实，这种问题产生的根本点不在"招聘"这个模块上，而是后续的评估出了问题。

我做招聘时，每个季度要做一张评估表，做这张表主要是为了得到2个结论：

（1）在我们公司，招聘岗位最适合、有效的招聘渠道是哪些？

（2）从发布招聘信息到新员工上岗，大概用多久的时间？

市面上这么多招聘渠道，到底哪些适合你的公司？不同的岗位，什么渠道收到的有效简历最多？这些信息，网上是没有现成结果的，靠的是HR自己的日积月累。你在行业内做够5年，每个季度都做一张评估表，5年大概会有20张表，这些丰富的一手资料，就是你当HR的宝贵财富。

扫描封底二维码，回复"季度招聘效果评估表"。

十七、试用期考核与试用期完结通知

试用期是用人单位和劳动者建立劳动关系后，为相互了解、选择而约定的不超过6个月的考查期。试用期的长短根据劳动合同期限的不同而有所区别，根据《劳动合同法》第十九条的规定："劳动合同期限三个月以上，不满一年的，试用期不得超过一个月；劳动合同期限一年以上，不满三年的，试用期不得超过二个月；三年以上固定期限和无固定期限的劳动合同，试用期不得超过六个月。同一用人单位与同一劳动者只能约定一次试用期。以完成一定工作任务为期限的劳动合同或者劳动合同期限不满三个月的，不得约定试用期。"

新员工的直接上级在新员工入职的 2 个工作日内，与新员工做一对一的试用期考核说明，包括岗位职责和试用期工作任务的梳理，确定后在表格空白处签字。试用期到期前的 7 个工作日内，直接上级与新员工做一对一的试用期考核评估，由部门领导决定新员工试用期是否通过。然后将考核表给部门负责人签字后，交给人力资源部保存。

> 扫描封底二维码，回复"员工试用期考核表"。

大部分外企员工试用期工资和转正后的工资数额是一样的，但大多数民企的试用期工资是打了折的。当然，这并不违法，《劳动合同法》第二十条规定："劳动者在试用期的工资不得低于本单位相同岗位最低档工资或者劳动合同约定工资的百分之八十，并不得低于用人单位所在地的最低工资标准。"

另外，HR 还要记得提醒新员工的直接上级，在试用期快结束时就完成面谈和评估，不要过了试用期约定的日子，不然即使你想让新员工不通过试用期，也会是无效的。过了试用期，解除劳动合同的手续就复杂多了，还涉及经济补偿金的问题。

2008 年 6 月，杨某通过面试进入一家公司工作，双方的劳动合同约定合同期限两年，试用期两个月。在杨某工作到第二个月时，公司在没有出示相关证据的情况下，仅以"在试用期内被证明不符合录用条件"为由单方解除与杨某的劳动合同，杨某不服，申请劳动仲裁。

根据《劳动合同法》第三十九条第一款："劳动者在试用期间被证明不符合录用条件的，用人单位可以解除劳动合同。"

试用期辞退员工，HR一般都用这个理由。但HR容易忽视的是，用人单位对在试用期内解除劳动合同负有举证责任，需要举证劳动者有不符合录用条件的情形，否则用人单位就要承担因违法解除劳动合同而产生的法律后果。即如果劳动者要求继续履行劳动合同的，用人单位应当履行；如果劳动者不要求履行劳动合同或者劳动合同已经不能继续履行的，用人单位应按经济补偿金2倍的标准向劳动者支付赔偿。

在上面的案例中，该公司在无法出示相关证据证明的情况下，是无法解除合同的。需要说明的是，如果该公司没有明确规定不符合录用条件的标准，一般录用条件就是招用条件，杨某通过了该公司的面试，代表他符合录用条件，这是入职的前提，除非在试用期内发现杨某在面试时隐瞒了真实情况或编造了虚假信息，一般情况下要认定他是符合录用条件的。

如果遇到类似的情况，HR的解决方法其实很简单，把前面的"员工试用期考核表"设定为录用条件就可以了。

HR在新员工试用期满的前3个工作日，对已经通过试用期的，要记得发放通知信。

扫描封底二维码，回复"员工变动呈报表""员工离职意见调查表""员工离职交接清单""员工离职工资清单"。员工离职工资清单会在"薪酬核算"一节具体讲解。

十八、员工异动管理

在员工管理过程中，根据公司经营业务的调整，会出现员工的各种异动情况，如调职、国内调动、调薪、升职、辞职、辞退、终止合同等。

我设计过几张表，里面涵盖了各种不同的员工异动情况，分享给大家。

第十一章

薪酬与福利管理

薪酬核算、工资发放的标准规范流程

准备工作—核算工资表—复核—管理层审批—交财务汇款—员工工资明细给代发银行—银行转发至个人工资卡—发放工资条给员工—存档备查。

在做工资报表前，HR 需要的知识和技能储备有：

（1）薪酬的理论知识体系。（建议学习：国家人力资源师考证教材——四级、三级里第五章薪酬管理的知识，或者含有薪酬理论的相关书籍。）

（2）学习与工资核算相关的中国劳动法规条款，并正确理解。（详见本书劳动法部分内容。）

（3）Excel 技术的熟练使用。（做薪酬工作的 HR 的必备技能。）

扫描封底二维码，回复"学 Excel"。

（4）算术运算基础技能。

（5）学习人力资源管理系统软件的使用技能。（一般卖软件的公司都有免费培训。）

一、薪酬市场调查

做工资报表前，HR 需要提前做数据、资料等收集准备工作：

1. 预先编制一份本公司全体在职员工月工资标准总表

在职员工月工资标准总表（见表 11-1）是 HR 核算员工每月工资的依据，也是做好工资后，检查有无错误的依据。做当月工资前，HR 可以先拿这张表看一下，如果有当月入职和离职的员工，要及时更新信息，然后再着手做本月工资报表，就会减少做漏做错的情况。

每家公司都有年度调薪，我以前工作的外企是头一年 11—12 月及第二年 1 月做全体员工绩效考核、绩效面谈，核算绩效奖金，第二年 4 月发放上一年度绩效奖金。到第二年 4 月才发放奖金的原因是，春节后的第一个月是员工心态动荡、跳槽的高峰期。如果该员工并没有非常强烈的跳槽愿望，再加上还有一笔可观的年终奖下个月可以到手，就有很大的可能性留住这名员工。

所以，4 月 1 日是我以前公司的年度调薪生效日。调薪的最小比例是上年度政府公布的物价上涨指数，比例的上限是公司的调薪最大可能数。具体到每个员工调薪多少，取决于春节放假前他的最终上年度绩效考评分数。每年 4 月 1 日，我都会更新这张在职员工月工资标准总表，之后的每个月只是微调入职和离职的员工数据就可以了。

这张表另外一个好处是，当你的老板突然找你要相关员工的数据时，你可以马上调出来给他。比如他问你，公司截止到今天到底有多少名员工？每个月我得发多少工资？你不出 3 秒钟就可以回他一个准确的数字，会显得你特别专业。

在职员工月工资标准总表的具体填写步骤是：

步骤 1：将每个员工的劳动合同找出来，查阅约定的数额。注意，有一些小公司的劳动合同工资一栏数额不真实，要找员工核实准确的工资数。最规范的是把面试录取时谈好的工资数如实填写在劳动合同这一栏。

表 11-1　××公司在职员工月工资标准总表

单位：元

序号	姓名	雇员编号	入职日期	岗位	职级	基本工资	岗位津贴	工龄津贴	销售佣金	技能津贴	交通补贴	午餐补贴	住房补贴	其他	合计
1															
2															
3															
4															
5															
合计															

制表人：

日期：　　年　月　日

184

步骤 2：查找公司的薪酬制度，把每位员工相关的津贴、补贴等，录到表中。表 11-1 中，我罗列的津贴和补贴的科目是假定的，你要根据公司的实际情况，去增加或减少科目。

步骤 3：查一下公司的年度调薪文件，更新工资和津贴 / 补贴数额。

步骤 4：查找员工调动、奖惩记录，把数额更新。

2. 预先编制一份本公司全体员工的社会保险缴纳明细表

表 11-2 是我按照武汉市社保政策做的样表，你要根据企业所在地社保局的政策和数据制作此表。

注意事项：

（1）每年 7 月社保局会更新缴纳基数，记得要及时更新表格。

（2）在核算当月工资时，"五险一金"需要扣除的个人缴纳部分，记得是税前扣除。

（3）在日常工作中，最常碰到的，就是社保缴纳的时间问题。以下面这个例子来说明：

小明在做 2018 年 4 月份的工资报表时，发现新员工小张的入职日期是 4 月 2 日，小李的入职日期是 4 月 27 日。按实践经验，小张的工资就要扣除 4 月份社保个人部分，小李则不用。《社会保险法》规定员工入职月就要申报社保，所以，4 月份小明要去社保局申报小张社保，当月扣个人部分，5 月去社保局申报小李社保，5 月工资扣个人部分。

所以，HR 可以在公司的薪酬制度里面写上，如果员工在当月 20 日前入职，社保从当月开始扣除，如果是 20 日以后入职，将从下个月起扣除。

表 11-2　××公司在职员工社会保险缴纳汇总明细表

单位：元

序号	姓名	雇员编号	入职日期	缴纳基数（养老）	养老		缴纳基数（医疗）	医疗		失业		工伤	生育	合计
					公司（%）	个人（%）		公司（%）	个人（%）	公司（%）	个人（%）	公司（%）	公司（%）	
1														
2														
3														
4														
5														
合计														

制表人：　　　　　日期：　　年　月　日

3. 预先编制一份本公司全体员工的住房公积金缴纳明细表

表 11-3　××公司在职员工住房公积金缴纳汇总明细表

单位：元

| 序号 | 姓名 | 雇员编号 | 入职日期 | 缴纳基数 | 公积金 | | 合计 |
					公司（　%）	个人（　%）	
1							
2							
3							
4							
5							
合计							

制表人：　　　日期：　　年　月　日

注意事项：

（1）表 11-3 是我按照武汉市住房公积金政策做的样表，HR 要根据公司所在地的住房公积金政策和数据来制表。

（2）要注意政策有时会调整缴纳基数，要及时更新表格。对于公司具体按什么比例缴纳公积金，管理层决定后要写在薪酬制度里。

（3）在核算当月工资时，需要扣除的个人缴纳部分，记得是税前扣除。

（4）公积金跟社保不同，不是强制企业缴纳的，具体要看公司所在城市的政策。在 HR 实操中，如果企业效益不错，会为全体员工或部分骨干员工购买公积金。如果企业没有买，也并不违法。

二、薪酬体系设计

1. 不要遗漏新进人员和离职人员

HR 新手最常犯的错误就是遗漏本月新进人员和离职人员，造成该算工资的没算，该结算离职工资的没结。我在实践中设计了人员进出统计表（见表 11-4），可以帮助 HR 避免缺人漏人的问题出现。

（1）为什么要设计这张表？我在外企做 HR 时，武汉是我所在公司华中区的区域总部，华中五省都包括在这个大区里，我要做这个大区全部 260 名员工的月工资报表。在武汉的 60 名员工，我非常清楚他们的考勤和假期、入离职人数和准确日期，所以不会出错。但另外有 200 名同事，遍布在 5 个省的 25 个城市里，每个省没有配备专职的 HR，只有一个办公室行政文员。所以发生过我做好了当月的工资报表，月底工资发放到员工银行卡时，有新员工已经上班了却没发工资，有离职的老员工 24 日就离开了，工资却计算到 31 日等情况。究其原因，就是总部的 HR 无法掌握所有区域员工的异动情况，而分公司也没有及时统计一线人员情况。如果你也是在此类型的公司做 HR，表 11-4 就可以派上用场了。

（2）表 11-4 中的离职部分，分自动辞职和被解雇 2 种情况，这 2 种情况在结算离职工资时的区别很大，HR 记得标注清楚。

（3）特殊假期部分，比如有一个地市的员工旷工了 2 天，或一个女员工本月 15 日开始休产假，或一个员工本月 21 日开始休病假，这些 HR 一不小心就会疏忽。因为 HR 要根据公司的考勤和假期制度去核算工资，所以这部分一定不要忘记填写。

（4）我会要求各分公司或分办事处的行政文员，第二个月的 5 日前按上个月的人员进出统计表认真统计好数据，交分公司经理审批签字后再发给我，我以此作为计算工资的依据。

表11-4　××公司×年×月人员进出统计表

入职							离职（自动辞职）					离职（被解雇）					特殊假期
序号	工作城市	姓名	正式上岗日期	级别	基本工资	补贴	序号	工作城市	姓名	级别	最后工作日期	序号	工作城市	姓名	级别	最后工作日期	
1							1					1					部门经理签名：
2							2					2					
3							3					3					
4							4					4					
5							5					5					
合计																	

备注：特殊假期，请注明起止日期和假期名称。

填表人：　　　　　　　　审核人：

填表日期：　年　月　日　　审核日期：　年　月　日

189

有了这张表，不仅流程顺了，工资表做得正确、完整了，更重要的是，即使出了错，也可以轻松地找到责任人，是行政同事没统计，还是HR漏算了，谁出错谁担责任，清清楚楚。

2.计算考勤的注意事项

在上个月全体员工考勤报表（考勤系统自动汇总打印的或手工考勤记录表）上，要有每个员工上个月的出勤天数、各类假期情况、加班时间等记录，且必须经过该员工的部门经理签字确认。提醒一下，如果有迟到、早退、旷工等考勤违纪情况，而且公司制度层面有规定出现这种考勤违纪情况要在工资里面扣钱的，必须把考勤表给员工本人签字。

3.计算加班费

表11-5　××公司×年×月加班统计汇总表

序号	姓名	雇员编号	加班小时数			备注
			普通加班	周末加班	节假日加班	
1						
2						
3						
4						
5						
合计						

制表人：　　　　　分管负责人：
日期：　年　月　日　日期：　年　月　日

4.录入销售部员工的本月佣金

假如公司设有销售部门，员工的提成是按分管销售的运营总监或者公司最高层制定的政策来发放的，那么每个月HR做工资前，找相关部门的负责人要这张统计表（见表11-6）就可以了，由制表人和审核人负责此表的真实有效性。HR只需将表中数字一字不差地输入到工资报表中即可。

表 11–6　××公司×年×月销售部佣金统计表

佣金计算月份：　月　　单位：元

序号	姓名	负责片区	月销售额	提成系数（%）	实际佣金	备注
1						
2						
3						
4						
5						
合计						

填表人：　　　　　　　审核人：

填表日期：　年 月 日　　日期：　年 月 日

5.计算税前合计数

扣个人社保和公积金部分，扣违纪，计算税前合计数。

6.汇总工资报表

计算个人所得税，得到税后合计，计算出本月实发工资，如果不止一家分公司，可以先做出每个城市员工的工资单，然后汇总，做一张总的工资报表。

表11-7是我做HR时做的工资报表，供大家参考。工资报表是详细记录工资、基本福利发放情况的表格，原则上要清晰明了、逻辑关系明确、数据准确。

注意事项：

（1）每家公司的津贴、补贴科目不同，可以按公司薪酬制度里面的

191

基本工资：

销售佣金：

表 11-7　×× 公司 × 年 × 月工资报表

年　月

年　月

序号	姓名	入职日期	雇员编号	基本工资	实际佣金	加班费	交通补贴	餐贴	电话补贴	社保	公积金	其他	税前合计	个人所得税	税后合计	其他	实发工资	备注
1																		
2																		
3																		
4																		
5																		
合计																		

填表人：　　　　　　　审核人：　　　　　　　审批人：

日期：　年　月　日　　日期：　年　月　日　　日期：　年　月　日

192

科目设计工资报表。

（2）一般情况下，民营公司的制表人是薪酬 HR，审核人是 HR 最高级别的负责人（再小一点规模的公司，可能就一个 HR 负责全部工作了），审批人是公司 CEO，这个依具体企业而定。

（3）这里我要强调的是，如果你是 HR 新手，工资报表做好后，可以空一天时间，先做其他工作，第三天你再重新检查、核算一遍，保证你做的工资报表 100% 准确。"总人数""代扣的社保公积金""加班费""特殊假期工资扣款"等基本每月都有变化的数字，你要确定自己是不是核算准确了，合计时是不是公式设对了、单元格拉对了。有时设置 Excel 公式时，一不小心，小计或合计数就会出错，对新手来说，拿计算器把"合计数"再算一遍也是一种有用的办法。除此之外，上月如果有出错的情况，一定要记录在你的工作日志上面，看本月是否需要重新调整。

7. 财务支付流程

走财务支付流程，可以根据企业自己的财务管理要求进行。规范的企业标准流程是 HR 做好工资报表，走完相关审核及审批流程后，另制作一张给财务的工资支付凭证，此表没有每个员工的工资明细，只有员工总数、本月的员工工资总额、公司指定高层的签字，财务以此为凭证，将工资总额按规定的时间转到签约的代发工资银行，银行也按要求的时间打款到员工个人账户。

8. 员工工资单

HR 制作的员工工资单（见表 11-8），可以发电子的，也可以打印成工资单，在薪酬制度规定的发薪日发给员工。

注意事项：

（1）表中社保公积金的比例是以武汉为例子的，HR 在自己的表中需要改成自己城市和公司的科目和比例。

（2）税后项目中有一个"报销款"，这个由公司的财务制度来决定。

表 11–8 ××公司员工工资单

姓名:　　雇员编号:　　部门:　　入职日期:　　工资发放年 / 月:

出勤天数		
薪资收入所得－税前	基本工资	
	全勤工资	
	加班工资	
	津贴补助	
	其他税前	
	税前收入合计	
个人保险扣除	养老 (8%)	
	医疗 (2%+7%)	
	失业 (1%)	
	住房公积金 (7%)	
	保险扣除合计	
	应纳税所得额	
个人所得税	税率	
	扣除数	
	实际税额	
税后项目	报销款	
	其他税后收入	
	税后项目	
实发工资		
员工签收		
备注		

（3）这张表上有几个项目是必须有的，如员工的工资核算依据、工资标准、出勤、假期、加班、代扣款项、社保等，能像这样把明细列出来更好。如果工资是银行代发，可以不需要员工签收；如果工资是财务以现金方式发给员工，就必须要签收。

9. 纠错，记录

这一步 HR 要特别细心，不要给老板和员工留下做个工资表都能做错的坏印象。比如前面提到的本月有新人来，忘记加到工资报表里，导致这个新员工月底没有工资拿的情况。

万一算错了，HR 要主动在私下给员工道个歉，一般员工都会谅解。HR 还要给自己的直线领导认个错，想想错在哪儿，采取什么方法，下次杜绝重犯。HR 要把这次的错误记录在工作日志中，在下个月核算工资时补缺或扣退。做工资的 HR 最关键的是要上心、要细心！

10. 资料存档

工资报表属于公司机密文件，HR 办公室里面一定要有一个带锁的柜子，按年月分类保存。除工资报表外，HR 还要整理好做工资的各项支持文件，像前面提到的各种表格。这些文件，至少要保存两年以上。

三、具体的工资计算方法

1. 正常员工的工资核算方法

案 例

小马于 2019 年 3 月 1 日起正式上班，并且全勤。该公司位于武汉，实行标准工时制，小马的月薪是 10000 元（其中包含餐补 300 元），请计算一下小马 3 月份的工资。

（注：标准工时制指每周工作 5 天，每天工作 8 小时，每周休息 2 天。）

假设小马每个月需要缴纳的五险一金费用为 1000 元，每个月赡养父母需要 2000 元，每个月子女教育需要 400 元，还需要还房贷，那么，他的工资就是：

10000–1000–2000–400–1000(住房贷款利息专项扣除)=5600 元

级数	全月应纳税所得额	税率	速算扣除数
1	不超过 3000 元的	3%	0
2	超过 3000 元至 12000 元的部分	10%	210
3	超过 12000 元至 25000 元的部分	20%	1410
4	超过 25000 元至 35000 元的部分	25%	2660
5	超过 35000 元至 55000 元的部分	30%	4410
6	超过 55000 元至 80000 元的部分	35%	7160
7	超过 80000 元的部分	45%	15160

根据上面的表格，小马需要缴纳的税率是 3%，超过了起征点 600 元，个人所得税金额是 600*3%=18 元，小马一个月需要缴纳 18 元的个人所得税。

所以，小马实际得到的工资就是：

10000-1000（五险一金）-18=8982 元

注意两点：

1. 查阅你所在城市的个人所得税政策（有一些经济特区可能会有不同的免税或减税政策）。

2. 从 2019 年 1 月 1 日起，开始实施的新的个人所得税应纳税额会在纳税人的工资、薪金所得基础上先减去 5000 元的起征点以及三险一金费用，然后再根据《个人所得税专项附加扣除暂行办法》，减去个人专项扣除的额度，之后根据最后的应纳税额来确定纳税人缴纳税费的档次。如果达到了起征点就需要缴纳个人所得税，若是没有达到 5000 元，则不用缴纳。

其中，个人所得税专项附加扣除包含的扣除专项为子女教育、大病医疗、住房租金、住房贷款利息、继续教育、赡养老人等 6 个方面，如果纳税人在这 6 项有资金支出，那么就可以申报个税专项扣除。

2. 中途入职的员工工资核算方法

首先，HR 要知道 21.75 是什么。

根据《全国年节及纪念日放假办法》国务院令第 513 号的规定，一年法定节假日为 11 天。人力资源和社会保障部《关于职工全年月平均工作时间和工资折算问题的通知》的规定，月计薪天数 =（365 天−104 天）÷ 12 个月 = 21.75 天。

不难看出，上述折算办法将折算环境置放于一整年中，一年 365 天中除 104 个周六周日外，剩下的 261 天用人单位都是要支付工资的，其中包括了 11 个带薪法定假日。所以，在一个年度中，月平均计薪天数是 261 天 /12 个月 =21.75 天。

这里，有一个很简单的公式可以计算中途入职新员工的工资数：

中途入职的新员工本月工资 = 月标准工资 ÷21.75× 实际出勤天数

再讲一种特殊情况，如果这名新员工是国家法定长假结束后的第一天入职，比如 10 月 8 日入职，那么，该员工是不享受这个法定节假日的，不能拿全月的满工资，按上面的公式，计算 8 日开始的工资即可。

3. 在一个月中有旷工一天（要请假扣钱）的员工的工资算法

由于每月实际计薪天数并不一致，有些月份有 23 天，有些月份只有 20 天，人社部 21.75 天却是一个平均数，这样具体到某一个月，月平均计薪天数和月实际计薪天数就发生了冲突，但月工资却执行统一的标准，就会出现一些问题。

这时，可以用下面的公式来计算工资：

工资 = 月薪 ÷21.75× 月计薪天数 × 出勤天数比例

月计薪天数 = 月出勤天数 + 法定节假日天数

出勤天数比例 =21.75÷（当月应出勤天数 + 法定节假日天数）

现在，中国二、三、四线城市的一些民营企业还是 6 天工作制，没办法按 21.75 天计算工资，而是直接用实际出勤天数进行计算，这也是可行的，法律法规并不强制要求企业一定要按 21.75 天来计算工资。

一般最普遍的公式就是，工资 = 月薪 ÷ 应出勤天数 × 实际出勤天数，但其实这种算法是错的，没有把 11 天的法定假天数算进去。正确的应该是：

$$工资 = 月薪 ÷ （应出勤天数 + 法定节假日） × （实际出勤天数 + 法定节假日）$$

也有企业使用"工资 = 月薪 ÷ 30 × 实际出勤天数"的公式，这种算法把休息日算成带薪工作日，也存在很大的争议。如果遇到有员工月初辞职的，企业是否会把剩下的带薪休息日天数算好还给员工呢？显然是不会的。所以，还是按上面的计算方法相对准确性高一些。

4. 加班费的算法

根据规定，标准工时制下的平时加班和双休日加班是可以先安排调休的，实在安排不了，再按 150% 和 200% 的比例支付加班费。在人工成本高涨的时代，合理批准员工加班越来越重要。另外，法定节假日的加班必须支付加班费，不能调休。

加班工资计算比较容易，工作日超时加班不低于 1.5 倍，休息日加班不低于 2 倍，法定节假日加班不低于 3 倍。公式为：

$$加班工资 = 月薪 ÷ 21.75 ÷ 8 × 加班小时数 × 倍数$$

这里还要提醒一个几乎每个 HR 新人都会搞错的问题：

做员工 5 月、10 月工资时，如果法定节假日和休息日是同一天，比如说 5 月 1 日正好是周六，那么，这一天加班是发 3 倍工资，还是 2 倍？

按照规定，法定节假日加班需要另外付 3 倍加班费，而不是 2 倍。理由如下：

（1）《劳动法》第四十四条第（三）款规定："法定节假日安排劳动者工作的，用人单位应当支付不低于劳动者正常工作时间工资的百分之三百的工资报酬。"

（2）劳动部关于印发《对（工资支付暂行规定）有关问题的补充规定》的通知中第二条关于加班加点的工资支付问题："《规定》第十三条第（一）（二）（三）款规定的符合法定标准工作时间的制度工时以外延长工作时间及安排休息日和法定休假节日工作应支付的工资，是根据加班加点的多少，以劳动合同确定的正常工作时间工资标准的一定倍数所支付的劳动报酬，即凡是安排劳动者在法定工作日延长工作时间或安排在休息日工作而又不能补休的，均应支付给劳动者不低于劳动合同规定的劳动者本人小时或日工资标准150%、200%的工资；安排在法定休假节日工作的，应另外支付给劳动者不低于劳动合同规定的劳动者本人小时或日工资标准的300%的工资。"

另外，还有一种情况，前面讲过"综合计算工时制"，如果你们公司经过了劳动局批准，采用这种工时制，计算加班费时，就不用按周末加班2倍计算，除法定按3倍计算外，其他加班都按1.5倍计算。

在工作中，经常有学员问我加班费基数的问题，规范的外企就是按照面试时谈的月薪，也就是写在劳动合同上的数字作为加班费计算基数的。如果你们是民企，想控制成本，也可以在合同或公司的考勤制度上约定，按劳动者的基本工资或劳动者工资总额的70%作为加班费的基数。当然，加班费计算的基本工资基数不得低于当地最低工资标准。

5. 病假工资如何核算

前面介绍假期制度时，我介绍过外企的病假制度和民企有所不同，外企一年有12天的带薪病假，这12天是不扣钱的。但一年超过12天的，就要按照公司薪酬制度里面的规定相应扣钱了，体现人性化的同时也需规范化管理。

在劳动法一节讲过病假工资在国家层面的规定，但是比较粗糙，公司一定要再制定细一点的条款，这样做薪酬的 HR 才知道依据公司规定如何扣除请病假员工的工资。

病假工资的计算，首先必须确定两个变量，一是病假工资的计算基数，二是病假工资的计算系数。

病假工资基数按照以下 3 个原则确定：

（1）劳动合同有约定的，按不低于劳动合同约定的劳动者本人所在岗位（职位）相对应的工资标准确定。集体合同（工资集体协议）确定的标准高于劳动合同约定标准的，按集体合同（工资集体协议）标准确定。

（2）劳动合同、集体合同均未约定的，可由用人单位与职工代表通过工资集体协商确定，协商结果应签订工资集体协议。

（3）用人单位与劳动者无任何约定的，假期工资的计算基数统一按劳动者本人所在岗位（职位）正常出勤的月工资的 70% 确定。

此外，按以上 3 个原则计算的病假工资基数均不得低于本市规定的最低工资标准。

这里提醒两点：

第一，在公司的薪酬制度上写清楚病假工资的基数。

第二，无论公司病假工资怎么扣，其工资一定不能低于当地最低工资的 80%。

病假工资的计算系数按照以下方式确定：

（1）职工疾病或非因工负伤连续休假在 6 个月以内的，企业应按下列标准支付疾病休假工资：

① 连续工龄不满 2 年的，按本人工资的 60% 计发；

② 连续工龄满 2 年不满 4 年的，按本人工资 70% 计发；

③ 连续工龄满 4 年不满 6 年的，按本人工资的 80% 计发；

④ 连续工龄满 6 年不满 8 年的，按本人工资的 90% 计发；

⑤连续工龄满 8 年及以上的，按本人工资的100% 计发。

（2）职工疾病或非因工负伤连续休假超过 6 个月的，由企业支付疾病救济费：

①连续工龄不满 1 年的，按本人工资的40% 计发；

②连续工龄满 1 年不满 3 年的，按本人工资的50% 计发；

③连续工龄满 3 年及以上的，按本人工资的60% 计发。

上述规定的来源是《上海市劳动局关于加强企业职业疾病假管理保障职工疾病假期间生活的通知》，其他城市的 HR 可以参考这样的条款，将计算系数写在你们公司的薪酬制度里面。

还有，核算员工病假工资的时候，工龄以本企业服务期限为准，不与其他企业工龄累计。病假工资计算公式为：

$$病假工资 = （计算基数 ÷ 21.75）× 计算系数 × 病假天数$$

在工作中，经常有学员问我，员工有基本医疗保险，可以不支付他的病假工资吗？回答是，不可以。根据规定，生病职工可以享受医保，同时可以领取病假工资。

6. 非全日制用工工资的核算

依据《劳动合同法》第七十二条，非全日制用工工资核算很简单，每小时的钱数乘以总小时数即可。只是提醒一点，对于非全日制用工人员劳动报酬的支付周期是不得超过十五日，在工作中，最好每月的 15 日发一次，每月最后一天发一次，由财务以现金的方式支付并签收。

7. 停产期间工资的核算

这个问题，每年都有制造业的学员问我，企业因经营不善停工停产或者原材料供应链出了问题，工人得停工一个月甚至更长时间，这个期间应该按什么标准核算工资呢？

在制造业公司的薪酬制度里面，一定要写上这条，用人单位停工停产期间，应当按约定的标准支付劳动者的工资。因为国家层面并没有红头文件规定具体数额，所以企业需要先和工会协商，取得员工的理解和同意，不要单方面强制执行，免得引发劳动争议，协商的数额不要低于当地城市规定的最低工资标准。

8. 年终奖

劳动法里是没有关于年终奖的硬性规定的，发与不发取决于企业方。但是，如果你们公司有年终奖，关于它的发放，请一定要在劳动合同或企业的薪酬制度里做明确的约定和规定。

9. 单休企业工资计算中的一个大风险

首先表明我的观点，中国的企业都应该让员工每周能休 2 天。

在北上广深一线大城市里面，大企业几乎都是双休，强调的是朝九晚五，在工作的 8 小时内提高工作效率。

部分民营企业之所以单休，大多还是员工工作效率不高造成的，这个问题的根源出在老板身上。老板要生产更多的产品以提高企业的收入，但技术不过关，效率低，完不成的任务只能放在周六了。

如果你正巧也在单休企业做 HR，一定要知道这里面存在的法律风险。

有家公司实行单休，周一到周六上班，劳动合同里面约定工作时间采用"标准工时制"。其中有个员工提出了离职，并要求公司补发在公司 3 年时间里的每一个周六的加班工资，劳动仲裁委员会最后裁判公司要支付该员工 3 年里每个周六的加班工资。

这个员工说他每周工作 6 天，每天工作 8 小时，每个月实际上工作了至少 24 天，大于国家规定的平均工作日每个月 21.75 天的标准，而公司的劳动合同上面写的是"标准工时制"。他查了相关法律条款，规定"标准工时制"是每周工作 5 天，每天 8 小时。所以说实际工作的时间和劳动合同约定的不一致，他要求公司支付他所有周六的加班工资。

3 年的周六加班工资加起来不是小数。所以单休公司存在极大隐患。如果公司一直都是单休，老板也没有改成双休的意思，你作为 HR，如何控制败诉的风险呢？思考一下，可以加我微信咨询。

10. 经济补偿金的核算

在工作中，困扰大多数民企 HR 的不是如何核算员工的经济补偿金，而是你的老板常常让你不赔钱就把员工炒掉，还不想惹上官司，这真是一个难题。当企业员工并没有严重违反公司规章制度时，或者当劳动合同到期，企业不想续签时，或者因企业方原因想终止员工劳动合同时，企业方都应该支付经济补偿金，否则就是违法解除劳动合同。

《劳动合同法》第八十七条是许多 HR 没有关注到的一条，"用人单位违反本法规定解除或者终止劳动合同的，应当依照本法第四十七条规定的经济补偿标准的两倍向劳动者支付赔偿金"。如果员工是熟读劳动法的人，两倍赔偿金是肯定会找企业要的，这也是企业一项潜在的风险。

再来看《劳动合同法》第四十七条："经济补偿按劳动者在本单位工作的年限，每满一年支付一个月工资的标准向劳动者支付。六个月以上不满一年的，按一年计算；不满六个月的，向劳动者支付半个月工资的经济补偿。

"劳动者月工资高于用人单位所在直辖市、设区的市级人民政府公布的本地区上年度职工月平均工资三倍的，向其支付经济补偿的标准按职工月平均工资三倍的数额支付，向其支付经济补偿的年限最高不超过十二年。

"本条所称月工资是指劳动者在劳动合同解除或者终止前十二个月的平均工资。"

还有一个概念要解释，上文中提到的职工月平均工资，各地政府每年都会在某个时间段发布社会月平均工资数据，这些数据事关企业的社会保险缴费基数、公积金缴费基数、生育津贴发放、经济补偿金支付等工资核算的具体操作，在社保那一节甲会做详细的介绍。

HR 在工作实践中，最容易出错的是 2008 年以前和 2008 年《劳动合同法》出台后，因算法不同产生的问题。表 11-9 是经济补偿金分段表，可以有效地解决这个问题。

表 11-9 经济补偿金分段计算一览表

工作年限	2008 年之前	2008 年之后
工作不满 6 个月	1 个月工资	0.5 个月工资
工作 6 个月以上不满 1 年	1 个月工资	1 个月工资
工作不超过 12 年	协商一致解除或不胜任工作解除的，12 个月工资封顶	超过当地上年度职工月平均工资 3 倍的，12 个月工资封顶
工作超过 12 年	1. 患病或者非因工负伤而解除 2. 客观情况发生重大变化而解除 3. 经济性裁员 无上限	低于当地上年度职工月平均工资 3 倍的，无上限

产生经济补偿金计算差异的实质原因，是 2008 年之前的规定和《劳动合同法》对经济补偿金的封顶规定不同，主要体现在：

第一，之前规定采用了在法定情形年先对工作年限进行 12 月封顶的立法思路。

第二，《劳动合同法》则根据基数实行 3 倍 +12 月封顶。

明确了这一点，就可以准确把握计算经济补偿金的总原则了：凡遇到有封顶的，不论是对基数还是对年限，都要以 2008 年 1 月 1 日为分界点进行分段计算，在计算时先根据封顶情况进行分类，再根据不同类别进行具体计算。

提醒一下，中国每个城市可能会有不同的司法实践以及其他相关的法律法规，记得查询你所在城市的具体文件后再做计算。

11. 个人所得税的核算

（1）月工资的个人所得税如何计算。

《中华人民共和国个人所得税法》的第三条和第六条是 HR 此项工作

的依据。

第三条：“工资、薪金所得，适用超额累进税率，税率为百分之三至百分之四十五。”

第六条：“工资、薪金所得，以每月收入额减除费用五千元后的余额，为应纳税所得额。”

个人所得税额 =（税前收入 − 扣除标准）× 税率 − 速算扣除额

表 11–10　个人所得税税率表

级数	全月应纳税所得额	税率	速算扣除额
1	不超过 3000 元的	3%	0
2	超过 3000 元至 12000 元的部分	10%	210
3	超过 12000 元至 25000 元的部分	20%	1410
4	超过 25000 元至 35000 元的部分	25%	2660
5	超过 35000 元至 55000 元的部分	30%	4410
6	超过 55000 元至 80000 元的部分	35%	7160
7	超过 80000 元的部分	45%	15160

（2）双薪如何扣税。

双薪，即到年底时企业多发给员工的一个月的工资，是一种奖励员工的形式。这种做法在国外非常流行，外企几乎约定俗成至少是双薪，还有三薪、四薪的。双薪以时间为衡量指标，只要你做满一年就可以拿到。在面试入职谈录用薪水时双方会沟通确认，在入职培训时公司会告知员工，合同中或员工手册中也有书面约定。但一般会加一个限制条件，就是 12 月 31 日仍在职的员工才可以享受。

关于年终双薪的纳税问题是这样规定的，因为年终双薪属于职工的工资性收入，所以需要缴纳个人所得税。但还是要看年终双薪具体怎样发放。如果是一次性发放，在 12 月底或者来年的 1 月，这种情况下，纳税要跟当月的工资加在一起计算；如果企业把第 13 个月工资在一年的 12 个月中分别进行支付，平摊到每一个月的所得税可能会少一些。

（3）个人取得全年一次性奖金如何扣税。

纳税人取得全年一次性奖金，应单独作为一个月工资、薪金所得计算纳税，但不少薪酬 HR 并不能对年终奖进行正确计算，造成多缴或者少缴税款，给企业带来税务风险。

计算年终奖的个人所得税时，分两种情况。

第一种：当月工资薪金高于税法规定的费用扣除数，即员工月工资大于 5000 元。公式是：

应纳税额 = 雇员当月取得全年一次性奖金 × 适用税率 − 速算扣除额

先算出税率，税率按全年一次性奖金除以 12 个月所对应的应纳税所得额适用的税率来确定。

第二种：当月工资薪金低于税法规定的费用扣除数，即员工月工资小于 5000 元。公式是：

应纳税额 =（雇员当月取得全年一次性奖金 − 雇员当月工资薪金所得与费用扣除额的差额）× 适用税率 − 速算扣除额

需要注意的是，采用上述计税办法，在一个纳税年度内，对每一个纳税人，该计税办法只允许采用一次。

雇员取得除全年一次性奖金以外的其他各种名目奖金，如半年奖、季度奖、加班奖、先进奖、考勤奖等，一律与当月工资、薪金收入合并，按税法规定缴纳个人所得税。

12. 离职工资清单

中国 80% 的民企没有这个流程，但它真的很重要！

表 11–11 用在员工最后一个月的工资结算时。表格里面设定好的科

表 11-11　××公司员工离职工资清单

A					
1	区域	2	城市	3	部门
4	员工姓名	5	职称	6	级别
7	入职日期　年 月 日	8	呈辞日期　年 月 日	9	最后工作日期　年 月 日
10	最后工资计算日期　年 月 日	11	最后工资发放日期　年 月 日		

税前：

B		
1	最后工作月份的基本工资（基本工资÷21.75×工作天数） 请列出计算公式：	¥0.00
2	上月佣金： 请列出计算公式：	¥0.00
3	上月加班费（基本工资÷21.75÷8小时×倍数×加班小时） 请列出计算公式：	¥0.00
4	上月交通津贴（交通津贴÷30天×当月天数）-（包括节假日） 请列出计算公式：	¥0.00
5	*按比例计算年终双薪（基本工资÷365天×全年在职总天数）-（包括节假日） 请列出计算公式：	¥0.00
6	余下年假补薪：共　　天（基本工资÷21.75×剩余年假天数） 请列出计算公式：	¥0.00
7	其他工资细则： 请列出计算公式：	¥0.00

8	其他扣款细则： 请列出计算公式：	￥0.00
	税前小计：	￥0.00
C	代扣个人所得税： 请列出计算公式：	￥0.00
	税后：	￥0.00
D	1	其他工资细则： 请列出计算公式：	￥0.00
	2	其他扣款细则： 请列出计算公式：	￥0.00
	税后小计：		￥0.00
E	总数＝（B）－（C）＋（D）		￥0.00
	只适用于离职者之服务年资在本公司超过 2 年。 四舍五入，以 0.5 天为单位。		

备注：详细的计算公式请参照公司薪酬制度的具体内容。

申请人签名： 日期：

兹特声明：本人同意并接受上述离职工资的数目，贵公司与本人已没有任何工资拖欠。

签名： 日期：

目，HR 需要一项项核算。当员工交接完最后一个部门，最终来到 HR 这儿办理离职手续时，将这张表给员工查看，清清楚楚地告诉他最后的工资是如何核算的，表中最下面一行："兹特声明：本人同意并接受上述离职工资的数目，贵公司与本人已没有任何工资拖欠。"底下要有员工的亲笔签名，保存在员工的个人档案里。离职手续才算全部办完了。

| HR 新手容易踩到的那些坑 |

第一，基本工资不能随意更改。

降低基本工资属于劳动合同的变更，双方需要协商一致，用人单位不能单方面随意更改。

第二，用人单位不能因调整工作岗位，擅自给员工降薪。

一般情况下，公司有权根据生产经营的需要，调整员工的工作岗位，但前提是该工作岗位与薪酬数额未写入劳动合同之中。

一旦用人单位与劳动者签订了劳动合同，明确了薪酬，用人单位是无权擅自给员工降薪的。

一般来说，劳动者的薪酬是在合同中约定好的，如果变更劳动者的薪酬，尤其是减少薪酬，应经劳动者的同意，否则，单位应承担相应的责任。

此外，用人单位要想调整员工的工作岗位，必须和员工协商一致。

第三，迟到扣款有一定标准。

根据《工资支付暂行规定》第十六条规定："因劳动者本人原因给用人单位造成经济损失的，用人单位可按照劳动合同的约定要求其赔偿经济损失。但每月扣除的部分不得超过劳动者当月工资的 20%。"

公司无权随便扣除员工基本工资。属于浮动绩效工资、奖金的部分，在双方合同具体约定的情况下才可以扣除。

如果员工的迟到行为没有造成用人单位直接经济损失，用人单位无权扣除员工工资。

第四，接受工伤医疗，原工资福利待遇不会降低。

按照《工伤保险条例》有关规定，职工因工作遭受事故伤害或者患职业病需要暂停工作接受工伤医疗的，在停工留薪期内，原工资福利待遇不变，由所在单位按月支付。

停工留薪期一般不超过12个月。伤情严重或者情况特殊的，经市区的市级劳动能力鉴定委员会确认，可以适当延长，但延长不得超过12个月。

工伤职工评定伤残等级后，停发原待遇，按照有关规定享受伤残待遇。

工伤职工在停工留薪期满后仍需治疗的，继续享受工伤医疗待遇。

第五，女员工进行产前检查，不能降低工资。

《女职工劳动保护规定》："不得在女职工怀孕期、产期、哺乳期降低其基本工资或解除劳动合同；怀孕的女职工，在劳动时间内做产前检查，应当算作劳动时间。"

因此，工作时间进行产前检查应当算作劳动时间，用人单位不能扣除其请假期间的工资。特别是降低基本工资属于劳动合同的变更，双方需要协商一致，公司不能单方面随意更改。

第六，试用期工资，不能低于最低工资。

最低工资是指劳动者在法定工作时间内提供了正常劳动的前提下，其所在企业应支付的最低劳动报酬。

试用期内职工的工资标准可以由用人单位自行确定，但是不能低于最低工资标准。

第七，工资报表需要 HR 专员做，而不是公司财务做。

做工资是一项有技术含量的工作，国际上的大公司，做工资报表一定是 HR 的工作职责。如果你们公司还是财务做工资报表，只能说明 2 点：第一，公司的管理比较落后，工作职责也分不清；第二，财务经理估计是老板的亲戚，不愿意放权。

第八，工资要不要保密的问题。

这个在行业里没有定论，两派观点都有，我个人是赞同工资保密的。理由很简单，虽然都说一家公司的薪酬原则是对外要有竞争性，对内要有公平性，但只要有几年人力资源工作经验的人都知道，要做到绝对的工资内部公平很困难，如果工资全是透明的，会多生很多事端。比如一个女同事 B 跑过来问你："我跟 A 同一时间进的公司，岗位也一样，凭什么她比我多 500 元？"

这时，你可以马上反问 B："你是怎么知道 A 比你多 500 元的？是她泄露给你的，还是你打听出来的？你还记得入职时签的员工手册第五章第十六款吗？在我们公司，每个人的工资属于保密事项，任何人泄露本人工资，将定为严重违反公司规章制度，是会解除劳动合同的。"然后就再没有员工来问你类似问题了。

第九，做薪酬的 HR，要小心认真地对待所有跟钱有关的工作。

我刚入行那一年，就犯了个大错，我要给几个新入职的员工发工资，但这几个新员工在商场里面上班，每个月才回公司开一次会。我敏感性不高，就把这几个新人的工资卡交给他们的上级，让他帮我转交一下，没有签字，只给了卡。三个月后，这里面的一个员工来公司投诉，说工作了三个月，工资一分钱都没有收到。而我是每个月都准时做了工资而且让银行代发了的。你看到这儿，肯定知道问题出在哪儿了。可是当时我拿不出签收的证据，百口莫辩。所以，切记一定让员工本人来领取自己的工资卡，一定做好签收工作。

HR 这个岗位会有许多机会收钱发钱，只要涉及钱，就要务必做好交接、签收、记录。只认书面的东西，不要用打电话、短信、微信、QQ

等方式，因为日后很难取证。

第十，做薪酬的 HR，工作时要注意细节。

举个例子，我的一个学员，刚入行做薪酬专员半年，有一次做完工资报表，拿去复印机复印存档，复印件拿走了，原件则忘在复印机里。上午复印的，下午才发现找不到原件，这时才意识到原件还没有从复印机里拿出来。这期间，不知道有多少同事悄悄看过了。严重一点，HR 有可能因为这个错误而被炒掉。

第十一，做薪酬的 HR 要对国家新出台或修订的法律法规更敏感。

劳动法是基本功，建议没系统学过劳动法的 HR 新人专门学一下。要注意多关注媒体发布的新消息，注意法律法规的时效性。

第十二，多算给员工工资了，最多是老板多付点人工成本；如果一直少发员工工资，错误可就大了。

因为很难说得清楚，你是故意克扣员工工资，还是单纯工作的失误。以前我做 HR 时，每个月要做公司 260 个员工的工资报表，我们公司规定每个月 30 日或 31 日，工资必须发到员工的银行卡上，我 28 日送工资明细给代发工资银行，27 日找老板签字走财务流程，24—25 日走工资报表人力资源部内部审核流程，22—23 日自己把做好的工资报表拿出来检查 2 遍，保证完全正确无误，19—21 日埋头做工资报表，15—18 日收集本月做工资的支持文件，当然这些日期里面会剔除休息日。我想表达的意思是，做工资报表是一件细致活，也是 HR 最基本的工作职责，提前规划好工作进度，就可以让你准时准确地完成工资的核算工作了。

第十三，到新公司后，做工资时遇到老员工考勤造假问题，应该如何处理？

有学员问过我这样一个问题："我有一个做 HR 的朋友入职到一家新公司，在审核工资表时发现员工考勤有问题，核查考勤机及员工假条后，发现 80% 和管理人员关系好的员工，迟到旷工都没有记录，都是以全勤录入工资表的，经核查仅仅是 12 月，因考勤出入多发出的工资近两万元。这还不算去年全年的考勤，做考勤和工资表的这个人事专员在岗 5 年多，而我朋友初到公司一周。按制度可以立刻开除这个人事专员，但涉及 4 个公司的员工工资、合同、社保等信息交接，且还有上级领导对其的包庇。这个问题如何处理比较稳妥？"

我的回答是："这个问题最关键的前提，是看这家公司拥有什么样的企业文化。如果在外企，公平、正直、诚实是企业文化价值观，一旦发现严重的拉帮结派，做假数据，还欺上瞒下，造成公司损失的，不光这个老 HR，HR 的上级、分管 HR 的副总全部要处分甚至开除，然后全部盘查，清算该扣却没扣的钱，在下月员工工资中一并扣除。这些中高管全部书面警告一次，取消今年度加薪机会，还要召开全员大会，公布此事调查的前因后果，再次申明公司的考勤制度和公司的企业文化价值观。

"如果这家民企根本没有企业文化，员工都是欺上瞒下、拉帮结派，大多数部门都在他们各自的工作范围内造假，这个 HR 做的事和他们相比根本不算什么。这背后老板不可能不知道，要么是老板自己尿，怕得罪员工，睁一只眼闭一只眼；要么是老板本身就没有科学管理理念，也有可能他是一个喜欢别人对他'拍马屁'的人，底下哄着他玩，他还会挺开心。

"你是一个新来的 HR，先思考一下我上面说的两点，再决定是站在正义的一方，还是过了春节赶紧辞职，找一个靠谱点的公司和老板。"

| 福利体系的设计与执行 |

企业福利的类型，分为法定福利项目和企业自定福利项目。

法定福利：社保"五险"、部分城市的公积金政策、带薪年休假、带薪婚假产假、11 天法定节假日等。

企业自定的福利：

（1）基本补贴：午餐补贴、交通补贴、话费补贴、住房补贴、租房补贴、节假日慰问金、汽油补贴、工龄补贴。

（2）假期福利：年休假、婚假、产假、哺乳假、病假、工伤假、考试假、中秋月饼券、开工利事、过年大礼包。

（3）社保补充：补充商业保险、企业年金。

（4）劳动保护：工作服、入职体检、年度体检、高温津贴、取暖费。

（5）高管、关键人才、外派人员特殊补贴：购房购车无息贷款、医疗补贴、安家费、搬家费。

（6）员工奖励：全勤奖、优秀员工奖金、股票期权、利润分享、年终奖、外部培训/进修。

（7）特殊情况补助：工伤补助、重大意外伤害或疾病补助、在职期间死亡补助、家庭困难补助。

（8）其他福利：免费班车，员工健康服务/咨询服务（心理援助计划 EAP、婚姻咨询、心理咨询、生涯咨询），公司团队活动，子女奖学金，购书卡，健身卡，旅游卡等。

我在人力资源管理工作中有关福利体系设计与执行的经验如下：

第一，最实用的福利是补充商业保险。因为法定的五险是国家强制实施的，具有广覆盖的特点，缺点是保障力度不够，补充商业保险可以作为社保的加强补充，也是那几年我们公司吸引人才和留住人才的撒手锏福利。如果你们公司盈利情况好，可以考虑为员工或部分员工购买补充商业保险。

第二，建议销售型的企业给经常外出的销售人员和中高管购买意外伤害保险，他们是高风险人群。而且商业意外险金额不高，保障比较好，对公司来说比较合适。

第三，企业的福利是把双刃剑，有时甚至会引起员工的不满，还不如没有这个福利。所以实施过程要规范、公正、透明。

第四，福利的支出费用往往比较大，对民营企业来说，企业的福利政策前提是根据公司的盈利情况去制定。无法像世界 500 强、BAT 这种大公司一样，就不要盲目效仿。最好是出台的福利政策既可以满足员工的需求，又能稍微超越员工的期望，这就能在成本控制下起到激励员工的作用。福利的设计要和企业效益相关联，让员工知道，大家今年把业绩做好，明年公司的福利预算就会更高。

我做 HR 时，在制订第二年的年度福利计划时，合计是一个人的预算，再乘以公司总人数，这就是明年全年企业花在员工福利上的总花费。这个数字是财务总监根据上一年度公司区域完成的利润指标，按一定的比例，公司预留给 HR 去做的。

好处一：第二年的费用预算不会超标。

好处二：员工看到这一张表，直观的感觉是，这家公司福利和活动多，应该是一家企业文化不错、有温度的公司。

第十二章

社保、住房公积金的管理

社保的政策及意义

一、社会保险

社会保险是国家规定企业必须为职工缴纳的法定福利，有养老、医疗、失业、工伤、生育，加上住房公积金，俗称"五险一金"。企业缴纳社保的直接主管机构是各省、市人力资源和社会保障局。流程如下：

新开户或转入手续—定期缴纳—年度基数申报—停保或转出。

二、办理社保手续前，HR 的知识和技能的储备

（1）社保的理论知识体系（金保网）。

（2）查阅并学习跟社保相关的国家层面和企业所在城市的法律法规（金保网）。

（3）Excel 的熟练使用。

（4）算术运算基础技能。

三、社保基本常识

（1）新成立的单位自领取营业执照或批准成立之日起 30 日内，到地税关系所在辖区的社保局经办机构办理参保开户手续。

（2）单位新参保登记后，再办理职工新参保登记，次月起按月到所

属的地税部门缴纳社会保险费。或至所在地地税局办理开通第三方委托扣款的功能，此功能开通后，社保款每月将从本单位对公开户银行（基本户）中直接划扣。

（3）社保缴纳基数的确定：在职员工每年调整一次基数，以该员工上年度月平均工资作为缴费基数，新入职员工以第一个月工资作为缴费基数。

四、社保的五险享受条件

中国各省市的政策会有所不同，下面以武汉市现行政策为例：

1. 养老保险

国家规定的退休年龄为男职工 60 岁，女职工 50 岁，灵活就业女性 55 岁，1996 年前有国企工作经历的女性可以选择 50~55 岁，特殊工种以正常退休年龄提前 5 年退休。达到规定的缴纳基本养老保险费的年限，比如目前武汉市规定累计缴纳满 15 年。个人账户养老金主要由 3 部分组成：当年缴费本金，当年本金生成的利息，历年累计储存额生成的利息。

2. 医疗保险

用人单位及其职工按规定缴纳基本医疗保险费 1 个月后，职工开始享受基本医疗保险待遇。连续缴满 6 个月后可享受住院医疗和重症申报。

3. 失业保险

失业保险累计缴满 1 年不足 2 年的，发放 3 个月的失业保险金；缴费年限每增加 1 年的，失业保险金增发 2 个月；领取失业保险金的期限最长不得超过 24 个月。

失业可享受的待遇：失业保险金标准是当地最低工资标准的 70%，失业人员在领取失业保险期间社保局为其缴纳医疗保险。

对解除劳动合同的职工，按国家规定标准（劳部发〔1994〕481 号文规定）发给经济补偿金，未实现再就业的，可以申请领取失业保险金，享受失业保险待遇。其中，非因本人意愿中断就业是指下列人员：终止劳动合同的；被用人单位解除劳动合同的；被用人单位开除、除名和辞退的；根据《劳动法》第三十八条劳动者与用人单位解除劳动合同的；法律、行政法规另有规定的。

4. 工伤保险

单位应当自职工发生事故之日或者被诊断鉴定为职业病之日起 30 日之内向统筹地区劳动保障行政部门提出工伤认定申请，并提供相关材料。如有特殊情况，经报统筹地区劳动保障行政部门同意申请时限可以延长。遇重大事故的，应当在 24 小时内申报。

工伤认定：在工作时间和工作场所内，因工作原因受到事故伤害的；工作时间前后在工作场所内，从事与工作有关的预备性或者收尾性工作受到事故伤害的；在工作时间和工作场所内，因履行工作职责受到暴力等意外伤害的；患职业病的；因工外出期间，由于工作原因受到伤害或者发生事故下落不明的；在上下班途中，受到非本人主要责任的交通事故或者城市轨道交通、客运轮渡、火车事故伤害的；法律、行政法规规定应当认定为工伤的其他情形。

从业人员有下列情形之一的，视同工伤：

• 在工作时间和工作岗位，突发疾病死亡或者在 48 小时之内经抢救无效死亡的；

• 在抢险救灾等维护国家利益、公共利益活动中受到伤害的；

• 从业人员原在军队服役，因战、因公负伤致残，已取得革命伤残军人证，到用人单位后旧伤复发的。

从业人员有下列情形之一的，不得认定为工伤或者视同工伤：

• 因犯罪或者违反治安管理伤亡的；

• 醉酒导致伤亡的；

• 自残或者自杀的。

5. 生育保险

申报条件：用人单位为职工连续缴费满 6 个月并且在参保状态下。生育保险的对象包括男职工、男职工未就业配偶和女职工；待遇享受条件与计划生育政策紧密联系，必须已婚状态才可享受相关政策；无论女职工妊娠结果如何，均可以按照规定得到补偿。

享受的待遇：生育津贴、护理假津贴、生育医疗费、计划生育手术医疗费。

生育津贴支付标准：

生育津贴 = 职工生育或流（引）产前一个月的缴费基数 ÷30× 产假天数

（1）产假时间按自然天数计算：女职工正常生育的，产假为 128 天；难产的，增加 15 天；多胞胎生育的，每多生育 1 个婴儿增加 15 天。

（2）流（引）产天数计算：女职工妊娠不满 12 周流产的，产假为 30 天；满 12 周、不满 28 周流（引）产的，产假为 45 天；妊娠满 28 周以上引产的，产假为 98 天。

护理假津贴 = 配偶生育前一个月男职工的缴费基数 ÷30× 护理假天数

男职工配偶生育，且符合计划生育晚育政策的，可享受 15 天的生育护理假津贴。

| 住房公积金的政策和意义 |

一、住房公积金

关于住房公积金的法律法规，目前实行的是《住房公积金管理条例》。

住房公积金归各省、市一级的住房公积金管理中心管理。流程如下：

新开户或转入手续—定期缴纳—年度基数申报—停保或转出。

二、办理公积金手续前，HR 的知识和技能的储备

（1）公积金的理论知识体系（住房公积金官网或热线 12329）。

（2）查阅并学习跟公积金相关的国家层面和企业所在城市的法律法规（住房公积金官网或热线 12329）。

（3）Excel 的熟练使用。

（4）算术运算基础技能。

三、提取和使用

以武汉地区现行政策为例，《武汉市住房公积金管理条例》的提取条件：

第十一条　职工有下列情形之一的，可以提取本人住房公积金账户内的存储余额：

（一）购买、建造、翻建、大修自住住房的；

（二）离休、退休的；

（三）完全丧失劳动能力，且与单位终止劳动关系的；

（四）出境定居的；

（五）偿还购房贷款本息的；

（六）房租超出家庭工资收入的规定比例的。

第十二条　无住房公积金贷款的职工有下列情形之一的，可以提取本人住房公积金账户内的存储余额：

（一）与单位终止劳动关系，且户口迁出本市或者户口不在本市的；

（二）与单位终止劳动关系，且男性满 50 周岁、女性满 45 周岁的；

（三）住房公积金账户封存满两年仍未重新就业的；

（四）享受城镇居民最低生活保障的；

（五）本人、配偶及子女因重大疾病造成家庭生活特别困难的；

（六）遇到其他突发事件造成家庭生活特别困难的；

（七）法律、法规规定的其他情形。

第十五条　职工具备下列条件，购买、建造、翻建、大修自住住房，可以申请住房公积金贷款：

（一）连续正常缴存住房公积金6个月以上；

（二）有较稳定的经济收入，能按时偿还贷款本息，无还贷方面的不良信用记录；

（三）无住房公积金还贷债务，并且无影响住房公积金贷款偿还的其他债务；

（四）法律、法规规定的其他条件。

| HR 新手常会遇到的棘手问题及解决建议 |

第一，一些年轻员工主动提出来不想上社保，让你把社保的钱退现金每月发工资时发给他。

答案是绝对不可以。因为《社会保险法》是强制执行的国家法律，千万不要以为员工自己不想买就可以不买，公司还省钱了。给员工上社保是企业的法定义务，而且不上社保也会存在巨大的风险。比如工伤的风险就很大，员工上下班路上、外出公干出差，都有出事的可能性。还有一个风险，员工很可能某天会去劳动局申请仲裁，告你们公司一直没有给他上社保。因为公司违法在先，他完全可以不履行"提前30天通知公司"的通知义务，还会找你们要双倍赔偿。

第二，新入职员工第一个月的用工风险。

新员工入职，如果公司比较正规，入职的这个月就会去社保局给新员工申报社保，但是社保要到次月才能正式生效。所以，这一个月员工是没有社保保障的，万一出现工伤，企业的赔偿风险很高，我的建议是为新员工购买团体意外险抵抗一下。

第三，对突然离职的员工和不履行提前 30 天工作交接的员工，其社保应该如何处理？

员工如果有较高的职业道德，会严格遵守劳动法提前 30 天通知公司解除劳动合同。但也有不太道德的员工，一交辞职信就找借口不来公司上班了，甚至有突然不辞而别、人间蒸发的员工。

这种员工，他的社保需要你去社保局马上办理停保，但无法当月立即停止，次月才能真正报停，公司很有可能要多为员工支付一个月的社保，可这名员工已经没有工资可扣了，就会造成公司的损失。解决方法是：

（1）HR 在入职培训时，在平时的培训开会时，多提醒员工，提高他们的职业化水平和职业素养。让他们做到交了辞职信，再坚持工作 30 天，做好工作交接，这样，HR 也有足够时间去停保。

（2）如果公司严格执行社保法，做到员工一入职就马上交社保，那么你在当月做工资时，就可以提前扣一个月的社保个人部分，后面每个月都这样扣钱，等员工最后的离职月时便不再扣社保个人部分，账就是平的，公司不会有损失。

（3）以武汉现行的社保政策为例，当月 20 日前，办理下月异动（增员、减员），那么碰上那些不按照劳动法提前 30 天跟公司提出离职申请的，比如 21 日那天他说走就走了，那么这个时候次月的停保业务已经无法办理，企业就要认栽，多给他交一个月社保吗？怎么挽回损失呢？

HR 可以在次月的 20 日之前，给该员工先办理"当月欠费注销"，然后再为其办理次月停保手续，这样，就避免了单位多缴纳 1 个月社保费用的损失，社保的缴费时间就与他的工作时间保持一致了。

第四，公司录用的原国企员工不想交社保，怎么办？

如果公司录用的是一些国企、事业单位身份的人，他们可能在单位下岗或办了内退的手续，但劳动关系还在原单位。被你们公司录取后，给他办社保时，如果他不想停掉原来企业的社保，甚至说直接把现金发给他，这时你就要多加注意了。

因为这和上面的问题一样存在风险，比如上下班途中发生工伤或死亡，这名员工或员工家属自然会找你们要工伤赔偿，可他的社保在原单位或在流动窗口，如果工伤赔不了，全是由你们企业出钱赔付，风险就极大了，这点可以参考上面的分析。如果想继续用他，就督促他早点把原单位的社保停掉，如果他一直拖着不解决，就可以协商解除劳动合同，以免后患无穷。

第十三章

员工培训管理与职业生涯规划

初创期和成长期的民营企业培训模块工作重点

对于初创期和成长期的民营企业来说，培训这个模块需要做好以下4部分内容：

- 建立内训讲师团队；
- 新员工入职培训；
- 全体员工的职业化素养与职业化技能培训，尤其是"沟通技巧"；
- 中高管的领导力培训。

一、建立内训讲师团队

一名优秀的公司内部培训组织者和讲师，应该具有以下素质。

第一，丰富的知识和经验。不仅要有授课所需知识，而且要有实际的经验，拥有适当的背景和地位，有领导才能，具有一定影响力。

第二，良好的培训技能。善于沟通和交流，熟悉成人教学的特点，有良好的判断力和应变能力，有娴熟的演讲和问答技巧，熟练掌握不同的培训方式。

第三，积极的态度和观念。乐于教学，拥有饱满的热情，态度友好、幽默、谦虚而自信；关注受训者的感受，而不是仅仅表达出自己掌握的知识；孜孜好学，乐于提高，愿意接受不同意见，能从不同角度看问题。

处于初创期和成长期的民营企业往往没有足够的培训经费，无法请外面的职业讲师，这时，HR、公司创始人、公司高管、部门经理、部门内的资深骨干员工，都是企业内训师的合适人选。他们在自己的领域是极其专业的，又是公司中高管和骨干，他们最熟知本部门的业绩目标，了解本部门员工的工作现状、机会点、优势、劣势及发展规划，也最了解本部门业绩不佳的根源。他们唯一不足的，就是两个技能不够，一是"培训课程设计"——如何把肚子里面的"货"变成课件 PPT；二是"授课技巧"——如何站在讲台上，把课程完美地讲授出来。

这两个问题其实很好解决，只需要邀请外训职业讲师给这个内训师团队做一些专业培训。通过外训专家的培训，企业很快就能拥有自己的讲师团队了。建立内训讲师团队，对内训师来说，这发挥了他们的专长，给了他们更多的表现机会；对企业来说，现有的资源得到了充分利用，企业的知识、经验体系得到了书面的整理和沉淀，更重要的是企业文化和管理内涵得到了传承。

当然，为了开阔视野，保证与外部先进管理经验的同步，每年组织 2~3 场外部培训，或请职业讲师来公司培训，仍然是有必要的。

二、新员工入职培训

作为 HR，在培训这个模块，做得最多、最重要的工作就是组织新员工入职培训。新员工入职培训是企业在新员工入职时，向其讲解企业的概况、文化、组织架构等，使新员工明确自己的工作职责、程序和标准，帮助他们顺利地适应企业环境和新的工作岗位，尽快进入角色。

1 HR 在新员工入职培训中的角色

人力资源部门是新员工入职培训的主要负责部门，需要制订新员工培训计划，并执行、跟踪、协调、监督新员工培训的整个过程。新员工所在部门的经理，要承担入职培训计划中与岗位相关课程的培训与辅导，如一对一地为下属制定岗位职责、介绍部门业务流程、培训辅导业务知识技能、提高新员工的岗位实操能力等，并为新员工制定试用期考核目标，在试用期结束前开展考核工作，将结果告知人力资源部。

上面这些日常沟通协调的工作都需要 HR 随时跟进，HR 与部门经理、新员工的沟通表达和人际关系也就显得非常重要了。

2. 新员工入职培训的标准流程和培训内容

这里介绍的新员工入职培训，不是平时一两天的培训甚至短短一两个小时的培训，而是一个体系，叫"30—60—90"新员工入职培训。我以我们以前公司为案例，介绍一下新员工入职培训怎么做才更专业。在这个案例中，新员工的试用期是 3 个月。

第一步：在新员工正式入职的第 1 天，HR 要组织至少 2 天的入职培训课程（如果是初创企业或规模不大，培训 1 天也可以）。第 1 天的培训课程由 HR 讲解，内容包括：

（1）公司历史发展、使命、愿景、价值观，公司的企业文化。

（2）公司的组织结构。介绍公司部门设置，描述部门职能，介绍中高管理层，明确新员工在组织架构图的什么地方等，以便新员工在今后的工作中能准确地与各个部门进行联系，并随时就工作中发现的问题提出建议或申诉。

（3）公司的业务介绍，包括经营范围、产品、市场、顾客、竞争环境等。

（4）公司的规章制度，比如职业道德、行为规范、考勤休假制度、公司财务相关的制度等。

（5）员工薪酬、福利及绩效考核制度。

（6）带领新员工参观公司，熟悉办公环境。

第 2 天的培训课程，由各部门负责人为新员工讲解，每个部门可以用 30~60 分钟的时间，主要介绍自己这个部门是做什么的和需要新员工了解的工作内容。这主要是为了让新员工更深入认识和了解公司各个部门的职责和工作流程，方便未来部门间的沟通合作。

两天的入职培训结束后，HR 可以组织一个随堂书面测验。我做 HR 专员时，设计了几种类型的新员工入职培训的考试卷，具体如下。

题型一：填空题。包括公司产品知识、公司使命、价值观、企业文化、客户服务理念、财务报销流程等一些要特别强调、让新员工知晓的。

题型二：选择题。包括公司成立时间、重大事件、质量体系、年假等假期制度、重要的规章制度等。

题型三：简答题。简述公司产品的特点、某项常用的政策、某项常用的工作流程。

题型四：问答题。例如：假设你看到数据显示本月的销量比去年同期少，你会采取什么行动改善？公司计划下个月在某大型商场举办一次促销活动，你会预先做哪些相关的准备工作？

题型五：案例分析题。设计新员工入职后，在他的岗位上常见的工作上的难题，或者是老员工做得不对的实际案例，来考查新员工分析和处理问题的能力。

两天新员工入职培训之后的考试很重要，这是对培训内容的加深学习，分数也可以作为新员工试用期评估的一项考核指标。

第二步：部门经理进行岗位培训。

（1）入职第 3 天，新员工到部门报到，部门经理介绍新员工给部门同事认识，部门全体员工欢迎新同事。

（2）介绍部门结构、部门制度。

（3）讲解新员工的工作职责，清楚表达新员工工作完成度的标准要求。

（4）商定新员工试用期的考核标准，完成"试用期考核表中工作职责和目标设定"两部分内容。

（5）分派一名和新员工年龄相近的老员工，陪新员工吃第一顿午餐，平时也要多和新员工交流沟通。

第三步：入职后的第30天。

（1）HR召集新员工，花半天时间询问大家工作的这一个月对公司的整体感受、遇到的不适和困难，如部门安排的工作是否清晰、直属上级是否与其沟通等；讨论工作中出现的一些问题，并回答新员工的问题。

（2）关于公司更多的政策、更细致的规定，给新员工做培训。

（3）当天，要求新员工的直接上级跟新员工做一场时间不少于30分钟的面谈，说一说工作进展、遇到的困难、取得的收获、与同事的配合、对部门的感受、工作中出现的问题，并给予解答、支持、鼓励。

（4）对新员工30天的工作表现进行评估，如果有工作职责上的增加或调整，要详细告知。

第四步：入职后的第60天，重复做第30天的4件事情，继续谈话、询问、答疑、支持、鼓励。

第五步：入职后的第90天，部门经理和HR提前至少5~7个工作日，一起讨论新员工入职三个月的表现是否适合现在的岗位，填写试用期考核表，并与新员工就试用期考核表现进行谈话，鼓励新员工继续在公司努力工作。（如果试用期没有通过，HR会在试用期满90天之前与员工谈话，解除劳动合同。）

在HR的实践中会出现一个问题。除非是做一次大型的校招，平时社会招聘时，不可能有一批新员工在同一个时间入职，所以很难在新员工入职第一天统一做上述新员工入职培训，这时的解决方法是：

（1）尽量安排新员工每个月的1日和15日这两个时间点入职，这样就能把几名新员工凑到同一天入职。

（2）HR 要对这些新员工做 1~2 个小时的新员工入职说明，要讲公司的企业文化、组织架构、工作职责、薪酬福利、重要的规章制度等，并且通知他，为期 2 天的正式新员工入职培训在 1 个月内会举行，等 HR 的培训通知即可。

三、全体员工的职业化素养与职业化技能培训

建议在新员工入职后的半年到一年时间内，HR 组织两堂内训或外训课程。

1. 第一堂课：《员工的职业化与职业素养提升》

课程设置的目标：使员工在知识、技能、观念、思维、态度、心理上符合职业规范和标准。如果新员工是直接校招的大学生，那么这门课更需要早些开展。

课程设置的内容应该包括：

（1）职业化心态：从学生到职场人的转变；用积极的心态，转变思维，全面看待问题；少抱怨，多思考解决方法；聚焦工作重点，建立服务意识、团队意识、竞争意识、结果导向意识。

（2）职业化形象：商务礼仪、职场礼仪，外在和内在的形象。

（3）职业化技能：自我管理、时间管理、高效沟通、团队协作、目标管理等。重点讲沟通技巧，如何与上级沟通、与同事沟通、与客户沟通。

（4）职业化道德：职业意识、职业道德、职业态度。

这个课程中，我的建议是以沟通技巧作为培训重点，因为优秀企业管理的前提是共识，而共识从沟通中来，沟通是一切管理手段的载体。因此，良好的沟通能力是全体员工，特别是管理人员必须具备的基本能力之一。

2. 第二堂课：《员工职业生涯规划》

很多大公司都会有这种主题的培训课程。想留住人才，重要的一点

就是要让员工知道，留在这个企业有前途。因此，企业需要给员工做一个员工在本企业的职业生涯规划。职业生涯规划指的是一个人对其一生中所承担职务的相继历程的预期和计划，这个计划包括一个人的学习与成长目标，及对一项职业和组织的生产性贡献和成就期望。

第一步：帮助员工确定兴趣、价值观、资质以及行为取向，指导员工思考当前所处职业生涯的位置，制订职业发展计划，评估个人的职业发展计划与当前所处的环境以及可获得的资源是否匹配。

（1）员工的责任：根据自己当前的技能或兴趣与领导期望的工作成果之间存在的差距，确定改善机会和改善需求。

（2）公司的责任：提供培训、辅导，帮助新员工成长，让其早日胜任目前的工作岗位。同时，帮助员工了解自身潜力与公司潜在的晋升机会、横向流动等规划是否符合，以及公司对其技能、知识做出的评价等信息。

（3）上级主管与员工举行专门的绩效评价与职业开发讨论，对员工的职业兴趣、优势以及可能参与的开发活动等方面的信息进行交流，就绩效评价结果以及员工与公司的长期发展规划相匹配之处进行沟通。

第二步：帮助员工确定短期与长期职业目标。这些目标与员工的期望职位、应用技能水平、工作设定、技能获得等方面紧密联系。

目标设定的方式：员工与上级主管针对目标进行讨论，并记录于员工的开发计划中。

（1）员工的责任：确定目标和判断目标进展状况。

（2）公司的责任：确保目标是具体的、富有挑战性的、可以实现的，承诺并帮助员工达成目标。

第三步：行动规划。帮助员工确定如何才能达成自己的职业生涯目标。

行动计划的方式：主要取决于员工开发的需求以及开发的目标，可采取安排员工参加培训课程和研讨会、获得新的工作经验、获得更多的评价等方式进行。

（1）员工的责任：制定达成目标的步骤及时间表。

（2）公司的责任：确定员工达成目标时需要的资源，包括课程、工作经验以及关系等。

职业规划对每个人来说都很重要。帮助员工明确自己的职业规划，运用职业生涯规划思维评价员工的职业规划，指导员工制订科学的规划，这不仅能帮助员工设立明确的目标，而且对企业的发展有积极的推进作用。特别是在靠涨薪无法满足年轻一代员工需求时，如何给他们平台，让他们和公司一起成长，会变得越来越重要。

四、中高管的领导力培训

1. 人才梯队建设的方法

成长期、发展期的民营企业，对中高级人才的储备和培养是 CEO 的一项重要工作。否则，当市场前景不错，你准备大肆扩张时，会突然发现身边没有拿得出手的得力人才。外企的人才梯队建设做得很好，我总结了一下他们用的方法。

方法一：针对毕业生的管理培训计划（management training program，简称 MTP）。

每年通过校园招聘，选拔一定数量的、有优秀潜力的、未来职业发展方向是运营管理的应届毕业生。学生毕业后首先参加公司入职培训，然后是 4 周运营知识和技能培训，接下来 2 个月到公司各部门进行轮岗工作培训，每周与教练和人力资源部门的培训负责人进行回顾和评估。3 个月满后，从工作态度、工作能力、工作业绩做总的评估和考核，综合表现好的员工分配到相关的部门，做部门主管的职务，协助部门负责人工作。

MTP 的培训内容主要集中在运营管理知识上，两个月的轮岗在岗培训使他们能在较短时间内对公司各个部门的一线运作有所了解。这项培训的重点是"每周回顾"，即每个星期固定一个时间和他的教练做一次一周回顾，目的是了解他们在运营中的需求及对公司运营的意见和建议。所有意见和建议都将反馈给培训负责人做妥善的处理，有时还会针对需求做专题培训，从公司最高层面、从理论层面提升他们的运营管理方面的能力。

这批管理培训生 6 月入职，9 月轮岗培训后，定岗至少是主管以上级别。他们的学历起点高，如果面试没有选错人，一两年后，他们中就能有 3~5 人脱颖而出，对其好好培养，这三五个人就会是公司的潜力股。公司每年执行一次 MTP，就会年年有新人才加入了。

方法二：**在公司内部建立畅通的晋升通道，不要一有空缺就马上外部招聘。**

外来的和尚真不一定念得好你们这本经，内部晋升和外部招聘的比例可以是 7∶3，多给自己人上升的机会，年轻人有盼头，才更有工作学习的动力。

假如公司有一个经理岗位的空缺，所有主管级员工都可以自荐竞聘。公司发布详细的岗位职责和任职要求，候选人上台 PK，靠以往业绩、表现竞争，优秀者胜，以此在公司内部建立积极向上的氛围。当然，关键点不在这，而是下面的内容。

在公司的晋升制度里面加一条，如果员工竞聘成功，其正式升职的前提条件是，他所在的原部门中有一个非常优秀和合适的人选，能马上接替他，否则，必须等到原部门有了合适的新主管，他的晋升手续才能正式生效。

这个制度可以让这些中高管平时多花心思在下属的培养上，如果下属培训不出来，他也永远升不了职。

当然，人力资源部门会出配套的制度，在公司部门里面选拔人才第二梯队，这个计划在外企叫 MIT 计划，英文是 management in training，简称见习管理人员。这些人是 HR 和部门经理从普通员工中选拔出来的，未来有机会晋升到管理层的员工，HR 会给他们做运营管理、领导力方面的培训，他们有资格列席公司一些重要的运营会议，管理层也会给他们更多的指导和交流。该员工的直属上司如果晋升，他就有非常大的可能性立刻接替上司。想想看，这群员工会比普通员工更热爱工作、更积极上进，他们也会是他们上级的最好帮手。

有了 MTP、MIT 计划，你还愁公司业务发展这么快，人才团队跟不上这个问题吗？

2. 如何设计中高管的领导力培训体系

我在这里推荐一个课程体系，企业可以引入内训中去。

（1）课程背景。

随着企业的发展和正常的晋升，一批业绩突出、专业过硬、领导信任的骨干员工或基层主管被提拔晋升为管理者，他们的个人业务能力毋庸置疑，但又恰恰是他们的业务能力成为其担任卓越管理者的最大障碍。专业工作和管理工作有本质的不同，企业经常出现"少了一个业务尖子，多了一个无能的平庸管理者"的现象。

（2）企业在管理方面常见的困惑和问题。

① 管理者缺乏基本的角色管理的概念，角色使命责任和技能要求都不清楚，胜任和担当自然就有了疑惑。

② 团队难以稳定凝聚，员工缺乏忠诚，员工没有持续自动、自发的动力。

③ 救火现象严重，疲于奔命，越忙越乱，越乱则越忙，运营效率低下，导致业绩不佳；管理者自己"日理万机"，下属却轻轻松松，但他们并不领情，甚至抱怨管理者。

④ 下属不肯动脑，凡事碰到麻烦就推给上级，上级只好接下来处理；问题频频，管理者总是要疲于处理问题，更要命的是同样的问题常常重复出现。

⑤ 有时候，管理者还算上进，也很有干劲，但自身不知如何有效地工作，更不知如何有效地领导团队，让团队持续地做好工作。

⑥ 管理者没有机会接受系统培训，缺乏建设系统化的、训练一流的员工队伍的管理能力，缺乏基本的机制建设和辅导技术。

⑦ 管理者激励员工缺乏系统技术，不能有效、持续、稳定地用管理激励体系和系统的激励方法，为员工提供源源不断的动力。

⑧ 管理者工作管理缺乏程序，目标管理没有系统的方法和工具的支持，时间管理没有章法。

⑨ 团队沟通氛围严肃、职责不清晰、权责不对等，部门横向沟通少而且质量差，上对下沟通多但以施压为主，下对上回馈少而且被动，更没有愉快的沟通气氛，上下级关系疏远。

（3）管理技能不是天生的，从事管理工作必须接受管理技能的培训。

① 企业在运营过程中，老板经常感慨企业执行力太弱，效率低下，无法实现组织战略，错失企业发展的良机。我们应该明白，管理者做好管理工作需要具备一定的管理知识与技能。

② 我们要认识到管理技能不是每个人天生就具备的，从事管理工作必须接受管理技能的培训，通过培训他们管人、理事、带团队、激励下属的技能，可以快速地提高员工工作效率与企业效益，进而为企业赢得市场竞争的优势。

③ 要想成为一名优秀的管理者，需经过至少10年的磨炼时间。一个未接受过系统训练的管理者，其管理经验累积直到合格，其间企业需要付出相当的成本。

④ 管理者如何缩短成长周期，如何减少失误，提高效率，加速成长

呢？实践证明，管理者必须经过有目的的训练，以便掌握实用的管理技能，提升管理的实务能力，转变观念达到改变行为的目的，从而达成提升公司整体运营能力、提高市场竞争力的目的。

（4）全面完整的管理技能训练体系——MTP 系统训练版课程体系。

针对企业管理者的 MTP 即中高层管理技能训练课程。它是针对管理人员必备的最基本的管理理念、态度、知识、技能等方面进行的实务训练。

建议成长期的民营企业做一个年度中高管领导力提升的培训计划，一共 10 堂课，从 3 月到 12 月，一个月上一期课程，如果公司有预算，最好聘请优秀的外训讲师来讲解该课程。

在这里，我想告诉大家的是：

① 为了公司能长足发展，领导力培训无比重要，HR 和老板要为此专门划出培训预算。

② 领导力培训是一个体系，不是一两堂课可以解决的，需要做成年度培训计划。

③ 在现有基层、中层管理者中选拔和公司价值观吻合、对自我职业发展有清晰目标、好学且积极上进的员工，成立 MIT 项目，专业、系统地培训和发展他们。

| 做培训模块时一定会碰到的工作难点 |

当 HR 辛辛苦苦组织起企业内训，结果却是员工根本不爱学习，上课时一直玩手机，不认真参与。两天培训结束后，员工有很大可能跟部门经理说，培训课程一点也不好。部门经理可能会听信员工一方的说辞，跟老板说 HR 组织的培训没用，员工工作能力没有得到提升，业绩才达不到目标，从而把锅都推到了 HR 的身上。为了避免 HR 背这种黑锅，你可以把下面的"培训行动计划表"（见表 13-1）使用在你组织的企业内训上，相信会收到比较好的效果。

案 例
×××××公司培训行动计划

公司提供培训课程给各位员工，目的是帮助员工加强及改进技巧、知识及态度，并使其能在工作上加以应用。每位参加者应有至少三个行动计划。现请翻开培训资料，填写下列行动计划表，完成后请送交培训导师，经整理后转交参加者所属的部门经理。部门经理会于培训班结束三个月后再与你探讨结果。

表 13-1　培训行动计划表

从培训课程中学到的要点	应用在工作中的行动	期望结果	三个月后回顾
1.			
2.			
3.			
4.			

填表人：　　　日期：
审核人：　　　日期：
姓名：　　　部门：
参加培训课程名称：
课程结束日期：＿＿＿年＿月＿日
三个月后回顾日期：＿＿＿年＿月＿日

第一步：此表是员工参加完内训后，离开培训教室前填写的。每名参训学员都必须填写。

"课程结束日期"：当天日期。

"三个月后回顾日期"：三个月后的今天。

"从培训课程中学到的要点"：让员工写从老师讲授的内容中提炼出的自己印象最深、感觉最有效的四点。

"应用在工作中的行动"：让员工写如何将学到的内容运用到下一步的实际工作中去，具体的行动是什么。

"期望结果"：如果员工把老师教的方法用到工作中，采取行动，估计是否会达到期待的结果。

第二步：培训结束的第二天，HR 把此表亲自送到相应的部门，该员工的直接上级手上。

目的是让上级看看他的下属从 HR 组织的培训中学到了什么，计划在工作中如何行动和改进，期待三个月后达成的目标是什么。作为该员工的上级，他有责任和义务帮助下属学习和成长。请领导在这三个月时间里，观察他的下属有没有在工作中运用学到的知识和技能，并及时进行辅导、纠偏，做得好的地方要及时鼓励表扬。三个月后，双方坐下来做一场不短于 20 分钟的一对一面谈，总结下这四点的运用效果，回顾这三个月来员工的实际表现和工作业绩，在最后一栏写下谈话记录，做出评价。然后，把此表交回给 HR，HR 将其存在员工个人档案里。

第三步：HR 在三个月时间快到的前 1~2 天，发邮件或打电话提醒员工的直接上级，追踪一下表格的进度，然后存档。

| 世界 500 强企业的培训经验分享 |

一、新员工导师制

我待过的三家外企都有"导师制"。新员工一入职，他的直接上级就是他的第一位导师，负责专业上的辅导。然后，HR 还会在其他部门为新员工选择一位入职时间长、职务比较高的老员工担任导师，这位导师更多是在新员工本职工作以外，比如人际关系、情绪管理方面辅导新员工。

无论员工在企业招聘阶段如何优秀，一旦他真正接触工作，不可避免地会发生现实与预期不一致的情况。如何使新员工尽快地转变为有效率且忠诚的组织成员，是每家企业的人力资源管理者最为重视的工作和课题之一。

对新员工实行导师制的益处是显而易见的。首先对新员工来说，一个好的导师能够帮助他们尽快地熟悉公司的制度与文化，解答关于职业发展的困惑，扩大自己在企业内的人际关系。更重要的是，导师能提供一种支持性的人际关系，通过对新员工进行指导、评价、反馈和密切的沟通，向新员工提供重要的心理支持，这对于新员工尽快适应陌生的工作环境，增强安全感、自信心和对组织的认同感尤为重要。

对于导师本人来说，辅导他人有助于增强自己的人际交往能力，培养管理潜质，增加对组织的贡献，从而得到组织更多的认可。对企业来说，实行导师制能够大大缩短新员工组织社会化的时间，降低新员工离职率，增强其对企业的忠诚度，传承隐形文化，还可以从导师中发现、培养管理人才，从多方面提升企业的人力资源竞争力。

如果公司规模小，没有那么多跨部门的高阶导师，就可以选择跨部门伙伴计划进行补充。由入职两三年的年轻员工担任新员工的伙伴，通过自身经验的分享，帮助新员工走过刚入职的迷茫、适应阶段。

"伙伴"相比于"导师"更加年轻，他们自己也刚刚走过新员工的阶段，他们的经验往往更具借鉴性，他们与新员工的交流也会更加平等与放松，并会以伙伴的角色提供心理支持。此外，跨部门的伙伴还可以提供更多部门外的信息，加深新员工对企业的了解，并扩大新员工的人际网络。由于伙伴并不承担岗位技能传授和职业生涯辅导的职责，更多是提供朋友式的心理帮助，因此他们可不必经过严格的资格审核，绩效合格、心态积极、乐于交流的年轻员工均可担任。

伙伴不必一入职就确定，可通过素质拓展之类的文体活动，让新员工与乐于当伙伴的员工在活动中互相熟悉、双向选择。由于伙伴的职责多是心理上的，不易考核，伙伴计划更多是企业鼓励和倡导的一种非正式制度，所以企业可通过提供咖啡券、餐券、体育场馆健身卡等方式，鼓励伙伴与新员工交流，且主要通过新员工的主观评价来衡量伙伴的效果并予以记录。对于新员工喜爱且绩效优秀的伙伴，企业可考虑将其往内训师和管理者方向培养。

二、针对小主题的内部培训

我以前工作的公司是一家大型超市，店里有 520 名员工，80% 是普通楼面运营员工，他们入职时，学历、职业素养并不高，他们在日常工作中经常会碰到各种各样的问题，处理得都不太妥当。但他们天天跟客户面对面，他们的工作表现第一时间反映公司的管理水平和企业文化，对他们的培训应该怎么做呢？

首先，我们做了一个文件，叫"顾客服务 100 问"，用非常简洁的语言呈现员工在面对不同情况时的正确处理方法。给员工培训考核，统一思想和行动。其次，我们组织了思想活跃的员工代表参加研讨会，把不同工种在工作上有可能出现的问题做了罗列，然后一起探讨解决方法和步骤，草稿拿给公司运营部门的中高管修改，以符合公司制度和文化价值观，然后整理成一个个的程序规范，给员工培训，培训后考核，统一思想和行动。

例如：

　•顾客之间冲突的处理程序；
　•员工与顾客之间冲突的处理程序；

- 顾客在店内遇到抢劫事件的处理程序；

- 员工受到威胁 / 人身攻击的处理程序；

- 物品丢失事件的处理程序；

- 发现顾客偷窃商品时的处理程序；

- 在出口错误截停顾客的处理程序；

- 顾客伤病紧急情况的处理程序；

- 存包处引起投诉的处理程序；

- 食品质量问题引起投诉的处理程序；

- 新闻媒体采访的处理程序；

- 存包牌丢失的处理程序；

- 儿童丢失的处理程序；

- 顾客认为收银员少找钱的处理程序；

- 送货引起投诉的处理程序。

再次，对员工碰到最多、最棘手的问题，HR 协同相关运营经理、总监开研讨会，设计培训课程，全员轮流培训，培训后考核，统一思想和行动。

例如，以下主题都是不同的培训课程，有课件 PPT、课堂案例讨论、课后作业、结业考试等。

- 如何平息顾客的不满；
- 如何防止收银员多扫描、漏扫描；
- 如何妥善地解决顾客纠纷。

第十四章

绩效管理

|企业绩效做不好的原因|

中国大多数民营企业的绩效管理都实施得不好，甚至如果将现行绩效管理体系取消，企业的绩效不会受到影响，反倒可以节省不少管理成本。这是为什么呢？

实际上，企业推行绩效管理失败的根本原因，在于对绩效管理理念存在着偏差。

一、公司没有企业文化

公司看起来一大群人，可没有文化牵引，实则只是一盘散沙，不是团队。公司整体氛围不对，没有奖优罚劣、鼓励先进、积极进取的正能量，溜须拍马、阿谀奉承的人每年总能升职加薪。

二、公司最高管理层理念不对，导致中高管理念不对，员工理念也跟着不对

公司 CEO 只是嘴上说说"以人为本""人力是我们公司最重要的资源"，实际上却小肚鸡肠，没事业梦想，没创业目标，没正确的人生观、价值观，没社会责任感，就是一个眼里只有钱的生意人。

理念不对导致的麻烦主要有：

（1）企业内耗加剧，绩效管理不能对企业产生实际的效用，成为走

形式的过程。

（2）绩效管理沦为一年一度的打分游戏，成为老板扣员工工资的一个"拿得出手，貌似科学"的工具。

三、企业的基层、中层甚至高层的领导力水平太差

高管不知道如何根据今年数据用 SMART 原则制定明年公司的整体目标；中层管理者不知道如何将公司目标分解到部门、如何将部门目标分解到人头，连给下属写一份"岗位说明书"，描述一下今年的工作职责，提炼一下考核目标都不会，员工怎么有努力工作的方向？如果这时老板和员工说："×××，我觉得你今年工作表现不好。"员工马上可以有底气地回敬："凭什么？"

管理者分不清每个下属的优势、劣势，根本没有想帮助下属学习成长，甚至有一些老思想，比如"教会徒弟，饿死师傅"，只把员工当干活的工具。更夸张的，还有一些领导高高在上，仗着职务之便，剥削、欺负员工，不会激励年轻员工，不会做思想工作，不会处理负面情绪和冲突，不会建立部门积极向上的团队氛围。

民营企业的管理者，大多没有科学的人力资源管理理念，不会还不爱学习。他们都喜欢躺在自己几年前的功绩上睡大觉，没有一点危机感，没有在事业上实现突破的上进心。对个人有期待的年轻人，观察几个月，发现跟着你没有未来后，自然就会弃你而去，公司平白无故就会损失很多有潜质的年轻人。

四、公司人力资源部负责人的阅历、经验和专业水平不够

HR 还不足以控制整个绩效管理流程，没法统筹全局，没法引领绩效管理往正确的道路上走。HR 编写的绩效制度、设计的绩效考核表，拖沓冗长，对部门经理没有帮助，强行布置下去，反而在运营同事出现

困惑、偏差时，给不了专业的指导。

五、公司里愿意在工作上追求积极上进的员工比例太低（招聘时看人看走眼了）

放眼望去，全公司一大堆混吃等死的人，难得出现几个积极上进的，还经常被消极的员工递白眼，说风凉话。企业内员工的职业化素养和职业化程度都比较差。

综上所述，企业高层领导和各级管理者对绩效管理的认识水平高低，成为绩效管理成功与否的关键。全面塑造正确的绩效理念，全体管理者与员工对绩效管理达成共识，是成功实施绩效管理的先决条件。一旦绩效管理理念错误，那么，无论用什么方法都不可能实施成功。

那么，什么才是真正有效的绩效管理呢？首先，要对绩效管理有一个清楚的认识，要能正确地把握和理解绩效管理，要知道：

- 绩效管理是一把双刃剑；
- 绩效是结果＋行为＋能力；
- 绩效管理是一种激励型的管理系统；
- 绩效管理是一个系统型的管理工具；
- 绩效管理是一种思维方式和行为习惯；
- 绩效管理重在绩效辅导和绩效反馈。

其次，企业一定要从思想上重视绩效管理，即使是创业期和成长期的民营企业，也要学着做绩效管理，因为：

（1）做了绩效管理才能保证公司所有员工努力的方向一致。

（2）做了绩效管理才能保证员工实际做的和企业要求做的保持一致，考核什么，就得到什么。

（3）做了绩效管理才能保证公司员工的能力符合岗位要求，做到人岗匹配，提高员工工作成效。

（4）做了绩效管理才能保证公司内部薪酬公平。

（5）做了绩效管理才能保证人才正常合理流动，每年淘汰无用员工，招收适合员工。

> 通用电气的领导者必须懂得，他们一定要鼓舞、激励并奖赏最好的20%，还要给业绩良好的70%打气加油，让他们提高进步。不仅如此，领导者还必须下定决心，永远用人道的方式，换掉那最后10%的人，并且每年都要做，只有如此，真正的经营才会产生，才会兴盛。
>
> ——杰克·韦尔奇

（6）做了绩效管理才能保证公司规模越来越大时，后备人才梯队能跟得上。

（7）做了绩效管理才能将公司的整体战略与员工日常工作行为结合起来，让员工的努力与战略一致。

（8）做了绩效管理才能激活企业的活力，提高企业效率和效益。

（9）做了绩效管理才能提升员工工作意愿，让员工士气高涨。

（10）做了绩效管理才能让企业与员工双赢，企业才有可能基业长青。

> 你可能会错失几个明星，或者出现几次大的失误，但是你造就一支全明星团队的可能性却会大大提高，这就是建立一个伟大组织的全部秘密。
>
> ——杰克·韦尔奇

一、企业建立愿景、使命、价值观，制定 SMART+AB 的公司目标

1. 运用绩效管理提高企业战略执行力

- 使命：我们存在的理由？
- 价值：我们的理念是什么？
- 愿景：我们想成为什么样的企业？
- 战略：我们如何实现我们的愿景？
- 战略行动方案：每一位员工需要做什么？

2. 关于目标管理

目标管理（management by objective，MBO）由世界级管理学大师彼得·德鲁克创建，被认为是迄今为止"最有实战效果的管理理论"。通过目标管理，企业的员工可以亲自参加工作目标的制定，实现"自我控制"。有了目标管理，员工的工作成果就有了明确的目标作为考核标准，从而使对员工的评价和奖励更客观、更合理，大大激发员工的工作积极性。

目标的制定是一系列承上启下的战略行动，是基于分解企业战略目标和结合部门资源能力现状进行的，部门目标产生的来源是，由企业战略目标和年度经营目标分解，由部门职责、职能产生，由部门内外客户的需求决定，由部门存在的问题和不足形成。

目标要满足四方面的要求：对上级，部门目标必须对公司全局目标或上级单位目标进行分解与承接；对自己，必须履行职责义务，承担战略责任；对过去，必须加以总结，解决以前存在的问题；对同级，必须注重本部门与其他部门的工作协同。

分解目标：目标作为企业的行动纲领，给了全体人员统一的行动方向。但现在的问题是，许多企业制定了明确战略和公司总体目标，却没有有效分解或者不太会分解，导致虽然有很好的公司目标，但是并没有真正落实到每个人身上，或者即使落实到个人身上，却已经变形走样，不能真实反映公司的意图和期望。企业战略得不到聚焦，做不到全公司上下一条心，最后导致实施结果不能如意。

分解目标就像指挥一支交响乐队演奏。一首曲子在成功演绎之前，首先要作曲家作曲并编写总谱，接着指挥家要认真研读总谱，从总谱当中提炼出各分谱，并下发至各演奏者，然后由指挥家根据总谱指挥各演奏者按各自分谱演奏，最后听众才能享受一场听觉盛宴。

同样，分解目标也是将一个大目标科学地分解为若干个小目标，落实到具体的每月、每周、每天的工作上。长期目标有一定的期限，它是由数个中期目标组成的，中期目标则由数个短期目标组成，短期目标又由日常工作小目标组成。只有实现每一个小目标，才能实现短期目标；只有实现短期目标，才能实现中期目标；只有中期目标实现了，长期目标才能实现。这就好像连环套，大目标统率小目标，小目标牵制大目标，大目标是实现小目标的动力和催化剂，小目标是实现大目标的阶梯。在目标管理体系中，大目标和小目标就是这样彼此制约、相互影响的。

3. 科学的、有效的目标的七大要素：SMART+AB

（1）SMART：

① S（specific）指具体的、明确的，就是要用具体的文字、数据，清楚地说明要达成的行为。订立具体明确的目标，几乎是所有成功团队的一致特点。很多团队不成功的重要原因之一就是目标定得模棱两可，或没有将目标有效地传达给相关成员。

② M（measurable）指可量化的、可衡量的，就是目标应该是可衡

量的。应该有一组明确的数据，作为衡量目标是否达成的依据。如果制定的目标没有办法衡量，就无法判断这个目标是否能实现。

③ A（attainable）指可实现的、可达成的。目标要能够被执行人所接受，目标设置要坚持员工参与、沟通，使拟定的工作目标在组织及个人之间达成一致。

④ R（relevant）指相关性，即实现此目标与其他目标的关联情况。如果这个目标和其他的目标完全不相关，或者相关度很低，那这个目标即使达到了，意义也不是很大。

⑤ T（time-bound）指时限性，即目标是有时间限制的。要根据工作任务的权重、事情的轻重缓急，拟定出完成目标的时间要求。

（2）AB：

A（agreed）指认可的、共识的，B（balanced）指整体平衡的。

企业必须建立大目标作为整个企业的共同追求，企业的共同奋斗目标一定要深入人心。为了实现企业目标，企业中的各级管理者和员工必须分别设定部门目标和个人目标。达到企业内部人人都有目标，个人目标与公司及部门目标协调一致，从而促使总目标的完成。管理者和员工、上级和下级之间要共同协商目标，达成共识，上级要对下级的目标进行控制，包括目标的方向和进度等。

二、建立公司的人力资源体系，要求组织架构完整、责权明确，岗位说明书清晰准确

对于初创和成长期的民营企业来说，按照本书前面内容的指引，公司人力资源负责人已经完成了全部建设内容，且运行了一段时间，查漏纠偏后，仍在继续执行中。这说明企业的人力资源管理已经慢慢向有序、规范、专业的道路上走了。

三、按照本书前面"培训管理"部分的内容，制订适合企业的培训计划

第一阶段：企业最高管理层绩效管理理念培训。

无论采用什么样的学习方式，CEO 都要有科学的绩效管理理念，不光包括对绩效理论知识的学习，还有对绩效管理实践的理解和运用。

第二阶段：企业基层和中层管理者的绩效管理理念培训，然后是全体普通员工的绩效培训。

员工对绩效管理一般都有误解，管理者对绩效管理也存在各种想法，这些都会影响到绩效管理的顺利进行。企业进行绩效培训，可以帮助和促使管理者和员工认识、理解和接受绩效管理及其目的，并强化绩效管理所需要的各种技能。

绩效管理培训虽然不能包办百事，但没有培训是不可想象的。不同企业的规模、管理者水平不一样，培训的频率、次数、课时、细节也不一样，企业可视实际情况进行培训，但必须是全员、全过程、全方位的。保证员工全部理解、认同后，才能开始实施和执行。

三年前，我以人力资源管理咨询师身份，去一个有两万多名员工的大型国企，光培训就开了 40 场次，6 位讲师花了半年时间，给全体员工轮训，8 个月后，才正式协助他们推行绩效管理。

第三阶段：企业基层、中层和高层领导力培训。

我的建议是，在企业准备推行绩效管理的前一年，通过外训或内训的方式，让企业所有有下属的基层、中层、高层管理人员分批参加领导力提升培训，通过半年或一年时间，快速提升他们的管理能力。

前面几步需要企业花 1~3 年的时间来做。比如，我 1997 年 6 月进入飞利浦公司，当时公司刚设立华中大区，算是新创立的公司，我们花了两年时间做上面的几步工作，一直到 2000 年才正式开始在公司内部推行全面绩效管理，一推行就成功了，而且每年都做，已经成为员工的行为

习惯。公司的销售目标和管理目标每年都超额达成，成就了公司的辉煌。

四、绩效计划——年初设定目标

年初，上级和下属坐下来，做一场至少40分钟的绩效目标设定面谈。这次面谈就是本年度目标分解与确认的过程，按下面的步骤来做就可以了。

（1）部门经理正确理解企业整体目标，并将目标告诉本部门全体员工。

（2）每位员工先完成"年度工作表现评估表"的第一部分——"岗位职责"，即"岗位说明书"里面的工作职责内容。

（3）员工再完成"年度评估表"第三部分——"KPI考核指标"，数量5~9个，符合SMART+AB原则。

（4）直接上司审阅每一位下属的草案。注意，部门内所有下属的草案要一起审阅，横向比较分析。按照部门目标、工作项目分工、标准流程等几个方面来做，必要时做出调整，以保证全部部门工作分派给员工个人时分工合理，员工能各司其职，同时，每一位员工的岗位职责饱满，未来部门工作井井有条，不会发生互相推诿的情形。

必要时，可以召集全部门员工开会讨论，然后进行单独沟通，达成共识，确定每一个员工的岗位职责和量化的KPI考核指标，最终达成书面协议，员工签字确认。

（5）探讨在今年的目标实现过程中可能遇到的问题或阻碍，询问员工需要公司和上级什么样的支持与资源，讨论达成目标的行动计划书。

我做人力资源经理时曾设计过一个年度工作表现评估表，这张表从三个方面（工作态度、工作能力和工作绩效）来做员工考核。这张表只有两页纸的内容，简洁实用，其中2/3的内容是评估过去的表现，1/3的内容是展望未来。

在这个步骤中，比较有挑战的是如何设置 KPI。下面分享一点我的经验。

① 什么是 KPI？

即关键绩效指标，通过对工作绩效特征的分析，提炼出最能代表绩效的若干管理指标。

② KPI 指标多少个合适？

KPI 指标不要太多，5~9 个即可，否则员工就找不到自己工作的重点，找不到核心的前进方向。

KPI 指标的设置要让每一个员工都能看懂，明白 KPI 指标存在的价值和意义，并让每一个员工都知道如何计算 KPI 指标。

③ KPI 是可以量化的。

KPI 就是衡量职责/流程与工作成果的参数，是工作的效率和效果的综合体现，可以用量化数据表现出来。

④ 关键绩效考核法适合中国企业。

KPI 基于企业整体业务战略而定，和当年经营目标相关，是与员工岗位职责直接相关的工作成果。KPI 体现员工现任职位的工作重点，是上下沟通达成共识的目标。

⑤ 以下的公式可以帮助 HR 写出 KPI 目标：

数量：比如要取得多少销售额，定出量化的数字。

质量：工作达成的结果如何。比如返工率、次品率、准确率。

动词 + 结果 + 时间 + 数量 / 质量。例如：在 12 月 31 日前完成 1700 万元的销售额。

⑥ 设置 KPI 指标的方法：

a. 岗位说明书查阅法——分析岗位职责，找出存在的最核心工作重点，提炼出 KPI 指标。

b. 榜样分析法——找出此岗位中最优秀的员工，从优秀员工之所以优秀的原因中提炼出 KPI 指标。

c. 头脑风暴法——这个岗位的上司、部门责任人、优秀员工，公司的人力资源负责人，甚至高层领导，大家在一起头脑风暴，讨论出 KPI 指标。

d. 培训目标分析法——分析需要员工提升哪些方面的能力，并据员工培训的需求提炼出 KPI 指标。

e. 专家咨询法——借助行业内专家或管理咨询公司。如果是初创或成长期的民企，可以多看咨询公司老板或老师出版的绩效管理类书籍，里面会有现成的 KPI 指标库，可以先借鉴后创新，形成适合自己企业的 KPI 指标。

f. 同行参照法／借鉴法——借鉴同行优秀公司的指标，参加相关主题的研讨会，虚心向别人请教，扩大与同行之间的交流，最终形成自己的 KPI 指标。

五、绩效实施——一年之中的目标监控与绩效辅导

1. 目标监控

（1）目标实施的检查。

给员工制定目标后，管理者不能放任自流，要随时随地去检查员工目标的实施状态。

（2）要对目标的实施情况进行调节。

目标一般是不变的，可是遇到特殊情况，比如当市场发生了严重的变化，公司内部形势有了重大的调整，这个时候目标必须进行修订。

（3）监控目标实施的状态。

监控员工能不能完成合理的进度，能不能达到合理的标准。

2.绩效辅导

（1）绩效辅导的核心实质。

绩效辅导是管理者与员工共同参与，通过持续不断的沟通，发现问题并解决问题，同时收集数据形成考核依据的过程。

绩效辅导是绩效管理的核心环节，是耗时最长、最关键的环节，绩效辅导的好坏直接关系着绩效管理的成败。

绩效辅导是员工获得指导、提高绩效的过程。绩效辅导在于帮助、支持员工实现绩效目标，指正执行过程中与目标的偏差。

通过绩效辅导，管理者可以了解和监控目标实现过程，强调重点，推动员工努力去达成目标；员工也有了表达需求、忧虑和期望的机会，使管理者清楚自己所需要的支援和帮助。

（2）绩效辅导的步骤。

每年 6 月，直接上司和员工坐下来，做一场不少于 40 分钟的一对一绩效反馈面谈，基本步骤是：

① 营造一个和谐的气氛；

② 说明讨论的目的、步骤和时间；

③ 交流每项工作目标考核的情况；

④ 分析成功和失败的原因；

⑤ 回顾工作表现与工作行为；

⑥ 评价员工在工作能力上的强项和有待改进的方面；

⑦ 讨论员工的发展计划；

⑧ 为下一阶段的工作设定目标；

⑨ 讨论需要的支持和资源；

⑩ 达成共识。

（3）教练式绩效辅导。

教练技术是一门通过完善的心智模式来发挥潜能、提升效率的管理技术。教练通过一系列有方向性、有策略性的手段，洞察被教练者的心智模式，向内挖掘潜能，向外发现可能性，令被教练者有效达到目标。

绩效教练是通过有效对话，引发员工的智慧，激发员工醒觉性与尽责感，从而快速提升员工绩效的管理技术。

（4）成为"绩效辅导型"的管理者。

成为一个优秀教练的条件：

- 正面：要采取乐观态度，相信每个员工有未被发掘的潜能。
- 开放：不是单凭过去的表现来判断员工的成绩。
- 包容：能接受员工在工作期间出错，相信若再次给予机会，员工下次能做得更好。

六、绩效考核——年度绩效评估、年终绩效评估面谈、绩效反馈

（1）每年的 11 月 10 日—15 日，先由员工对全年表现进行自我评估，在"年度工作表现评估表"上填写"岗位职责的结果"、"工作能力和工作表现"自评打分、"KPI 实际完成情况"、"企业价值观匹配度"自评打分、"自我鉴定"、"总评分"自评打分，然后将填写好的表格交给直接上司。

（2）11 月 15 日—30 日，直接上司参加完人力资源部组织的绩效评估会议，建议做一下"强制分布法"，原则上对所有部门都实行强制分布。下面是以前我工作过的公司的例子。

工作表现评估表，满分是 5 分：

- 5 分："优秀"员工，占比 5%~10%。
- 4 分："优良"员工，占比 10%~15%。
- 3 分："良好"员工，占比 50%~70%。

• 2 分："有待改进"员工，占比 10%~15%。

• 1 分："表现差"员工，占比 5%。

对于得 1 分的员工和得 5 分的员工，要求其考核者必须出具充足的证明，要有书面的、准确的数据或事实。

如果部门人数少于 10 人，可以将相似的部门合并处理，如果是强制分布有纷争的情况，可以请绩效管理评审委员会组织专门会议，通过考核者提供的客观的绩效证据，最终判定员工的绩效考核等级。

直接上司收齐本部门的自评表，根据人力资源绩效管理会议的指引，根据下属员工全年工作表现进行评估，为每一个评估项目打分，算出每一个员工的年度总评分。

直接上司将评估表给自己的上级做一次审核，然后将统一的意见交给人力资源部，人力资源部汇总后，上交公司最高管理层审核，然后将确认的分数结果反馈给各部门。

（3）12 月 1 日—20 日，直接上司与下属员工做一对一的至少 60 分钟的年终绩效面谈。就年初设定的目标与实际成果进行回顾、沟通，就员工未来 1~3 年的职业成长发展提供建议。结束面谈前，双方达成共识，并签字确认。

（4）直接上司完成对所有人的绩效面谈，将表交给上一级管理层审阅签字，交人力资源部，等待绩效考核结果的运用。12 月 31 日前完成全公司本年度的绩效评估工作，次年开始一个新的循环。

这里，重点谈一下**年终绩效评估面谈**。

年终绩效评估面谈是让员工知道他们在达到年度绩效标准要求方面到底做得怎么样，面谈的着眼点在于提高员工未来的绩效。绩效面谈可以帮助员工树立信心，开发员工的胜任能力。其基本的原理在于反馈员工的绩效差距，改善其行为。一般来讲，员工不仅想听到肯定和表扬的话，更需要管理者明确指出工作中有待改进的方面，并提出建设性的意见和建议。

年终绩效评估面谈有利于正确评估员工的绩效。管理者对员工的评价只代表管理者的看法，员工本人可能会对自己的绩效持有不同的见解，如果管理者将自己的评价强加到员工身上，无论评价正确与否，都将会影响员工的积极性。因此管理者和员工进行绩效沟通时，两者对其绩效表现达成一致看法是非常重要的。

年终绩效评估面谈使员工感受到每个人都有长处和短处，关键是如何正确认识。面谈中一个很重要的内容，就是肯定员工的成就和优点，从而对他起到积极的激励作用。有效的面谈可以使员工真正认识到自己的潜能，知道如何发展自我。作为一个称职的管理者，一定会发现员工目前绩效的不足之处，通过绩效沟通，给员工的工作提出建议和意见，促使他的绩效进一步提升。

> 扫描封底二维码，回复"年终绩效评估面谈流程要点"。

七、绩效考核结果的应用

1. 绩效考核结果的激励方式

大家习惯性认为，绩效考核只是用于发工资，这从根本上就是错误的想法。实际上，对绩效考核结果的激励有很多方式。

正规的激励：升职加薪、津贴、奖金、提成、股票、调动、接班人计划、授权、评选、周年庆祝、办公条件、弹性时间等。

非正规的激励：礼物、蛋糕、共进午餐/晚餐、家宴、放假、书面感谢、宣布、命名、参与、高层/CEO亲临感谢等。

正规和非正规激励可以结合使用，只要能及时、具体地实施激励手段即可。

2.绩效考核与薪酬的挂钩方案

首先说明一点：这里讲的年度工作表现评估，并不是一些企业常规的手段，比如把员工的月工资 4000 元，拆分为基本工资 2400 元，绩效工资 1600 元。每个月发 2400 元，然后设计一堆考核指标，导致员工每个月都拿不全 1600 元。

如果是销售型企业，员工工资可以这样处理。面试时谈好，工资总数是 4000 元，其中基本工资占 60%，即 2400 元，只要打卡上班了就发。工资 4000 元里另外的 40% 叫"目标佣金"，每个月一线销售人员都会分配销售指标，前提是公布公司的佣金提成系数，用"目标佣金"乘以上个月销售完成比，得出他上个月的实际佣金。这名员工每个月的实际工资，就是基本工资的 2400 元加上实际佣金的金额。表现出色的销售人员，卖得多，拿的工资自然就高。这就起到了激励员工的作用。销售业绩差的员工，要么是工作态度不好，要么工作能力差，经过直接上司的绩效辅导或培训后，如果仍然没有改进，他每个月工资也只能拿到基本工资，长此以往，过半年一年之后，自然就会被淘汰了。

销售型企业的内勤部门和非销售型企业的全体员工，建议还是每月按招聘面试时谈的，劳动合同里面签订的工资金额正常发工资。

一线销售人员、客服人员，或者服务业的一线人员，他们是可以做月度考核或季度考核的。其他企业和员工，我个人建议做年度评估，否则，评估打分太频繁，就失去它原本的意义了。

年度绩效考评总分出来后，如何跟奖金等挂钩呢？我的建议是：

（1）跟人事决策挂钩。

因为是全公司员工的考核结果，在部门做评估时会做强制分布。所以，所有员工的分数汇总到人力资源经理这里后，要做一张全公司总表，并在 12 月 25 日前后完成此表。

•5分："优秀"员工，占比5%~10%。得5分的员工在次年1月1日开始升职加薪。这是公司最有价值的员工，工作态度、能力、业绩三方面都是每个部门员工中最优秀的，是最不能在次年初被竞争对手挖走的员工。

•4分："优良"员工，占比10%~15%。得4分的员工，不一定升职，但肯定会加薪。

•3分："良好"员工，占比50%~70%。这是每家公司人数最多的中间一层。

•2分："有待改进"员工，占比10%~15%。直接上司做绩效面谈时，会严肃指出这类员工的工作表现不令人满意，没有达到公司的标准（注意：需要提供足够的支持数据说明未能达到标准的原因）。但本着"以人为本"的原则，再给员工一次绩效改进的机会，根据员工的工作性质，绩效改进计划目标设有固定的周期，其最短期限是3个月，最长期限是6个月。

给员工下发一张"书面警告"，一式两份，给员工一份，员工个人档案中保存一份。如果在该期限内，员工未能达到绩效改进计划的目标，将在30天内解除劳动合同。

扫描封底二维码，回复"绩效改进计划"。

成功完成绩效改进计划的员工可重新返回正常状态。在两年之内最多可参与两次绩效改进计划。

•1分："表现差"员工，占比5%。不用犹豫，在当年12月31日，按照劳动法支付代通知金和经济补偿金，解除这些人的劳动合同，空出编制。第二年开年时，招聘更合适的人补替空缺，永远保证公司有新鲜血液。同时警告全体员工，混日子的人是混不了多久的。要记住，企业不是慈善机构，对公司没有价值的员工一定要尽早清理掉。

（2）跟年终奖挂钩。

企业一般在当年底，来年 1 月，或在来年春节上班后的那个月发放年终奖。外企很喜欢用"月薪"的倍数给员工发年终奖。我在外企时，我们区域经理每年 12 月底从总部领回下一年度全华中区的营运销售目标和年度利润目标，然后财务经理会根据每一个部门上交的"明年本部门成本预算"，按照总部给的奖金计算公式，在这一年的 1 月份测算出来，如果我们整个华中区在今年完成了一个亿的销售额，我们全体员工的年终奖一共有多少钱。这个数除以人均工资，就能算出到年底时，在完成销售目标的前提下，每一位员工可以拿到多少倍的"月薪"。

这个月薪倍数，可比一些民营企业老板到了年底看心情包个红包给员工要强百倍，因为这是在当年初全体人员自己算出来的。

12 个月薪 + 年终双薪 + 实得年终奖（大约 4 倍月薪 × 年终奖权数）。

其中，年终奖权数按下面的规定来计算：

- "优秀"员工：得 5 分的年终奖权数是 1.5~2。
- "优良"员工：得 4 分的年终奖权数是 1.2~1.5。
- "良好"员工：得 3 分的年终奖权数是 1~1.2。
- "有待改进"员工：得 2 分的年终奖权数是 0.5。
- "表现差"员工：得 1 分的年终奖权数是 0。

所以，实得年终奖 = 月薪的倍数 × 年终奖权数。

| 企业绩效管理实施成功的十大关键 |

行之有效的绩效管理体系需要公司各个层面的努力和配合：CEO 是绩效管理的原动力和带头人，各部门负责人是主角，财务是主要数据供应商，人力资源部是变革管理者。各层级人员需齐心协力，确保做好以下 10 个关键点。

（1）高层领导者有对绩效管理的正确理念，能承诺和全力参与，并支持绩效推行小组的工作。

（2）公司管理层对绩效管理有正确理念。

（3）全体员工对绩效管理有正确理念。

（4）所有级别管理层经过系统培训后，具备一定的领导力水平。

（5）全体员工经过职业化素养和职业化技能培训后，能够胜任"职场人"这一角色。

（6）人力资源负责人组建绩效推行小组，HR 有能力全环节计划、执行、回顾。

优秀的绩效 HR 要具备以下能力：

① 懂运营：不懂运营无法与业务部门对接，无法进行有效辅导，无法判断正确。

② 专业性：深度掌握绩效管理全貌。

③ 情商高：与中高管、各部门、各层级沟通协调，推动公司管理能力提升。

（7）公司有清晰的、正能量的企业文化和年度战略目标。

（8）建立和战略一致的绩效指标体系，采用可量化的 KPI 指标。

（9）绩效管理要和人事决策、薪酬激励机制挂钩。

（10）公司财务部负责人要具备专业实力，数据收集和分析能力强。

| 各级管理者的领导力水平如何评估 |

最常见的一种场景是，公司想从 10 个部门主管中提拔 2 个人为经理，但不知道这几个主管，谁的工作态度、能力、领导力综合性更好。民营企业一般都是老板拍拍脑袋自己选的，结果可想而知。大公司会非常慎重地进行选择，有时会花钱请专业的人才测评公司来做。创业期和成长期的民营企业没那么多预算，这里教大家一个不花钱，效果还不错的评估方法。

HR 设计一份"管理层员工 360 度调查问卷"，25~35 个问题，评分标准是 1 分到 5 分：

- 1 分——不称职。
- 2 分——需要改进。
- 3 分——合格 / 称职。
- 4 分——很好。
- 5 分——非常优秀。

HR 将这 10 位主管的所有下属召集到公司会议室或培训室，每人一份问卷，让下属们匿名给自己的上级打分。打 1 分和 5 分这两种分数时，必须在"关键事项描述"一栏详细填写。一个主管的问卷至少回收 20 份，如果下属只有 12 人，可以从该主管的间接下属中再找一些合适的人选来打分。

此外，还可以邀请该主管的上级、平级的同事一起参与打分。在我们设计的表中，有两个开放式的问题：

- 请列举三项你认为被评人所具备的优点。
- 请列举三项你认为被评人所具有的缺点。

如果有 20 个下属填写问卷，一个员工写三个优点、三个缺点。再合并同类项，估计该主管可以收到 10 个左右大家对他公认的优点和缺点。

> 扫描封底二维码，回复"360 度调查问卷"。

第十五章

员工关系管理

现代、积极的员工关系管理岗位的工作职责及任职要求

一、每家企业都应该有专职的员工关系管理岗位

企业都希望通过提高员工的满意度，来增强员工对企业的忠诚度，从而提高对企业的贡献度。因此，对内实行员工关系管理就成为必然。

从广义上看，员工关系管理的内容涉及企业整个企业文化和人力资源管理体系的构建，从企业愿景和价值观确立，到内部沟通渠道的建设和应用、组织的设计和调整、人力资源政策的制定和实施，等等。所有涉及企业与员工、员工与员工之间联系和影响的方面，都是员工关系管理体系的内容。

从狭义上讲，员工关系管理就是对企业和员工的沟通管理，这种沟通更多采用柔性的、激励性的、非强制性的手段，目的是提高员工满意度，支持组织其他管理目标的实现。其主要职责是，协调员工与管理者、员工与员工之间的关系，引导建立积极向上的工作环境。

员工关系管理是企业人力资源部门的重要职能之一，良好的员工关系可以使员工在心理上获得一种满足感，有利于其提高工作意愿和积极性，也在一定程度上保障企业战略和目标的有效执行。可以说，员工关系是影响员工行为态度、工作效率和执行能力的关键因素，值得企业管理者高度关注和重视。

专职的员工关系管理岗位在民企中通常设置较晚，或者由其他人力资源模块兼任。我强烈建议看完本书的老板或人力资源部门负责人，把你们公司的人力资源岗位职责重新梳理一下。我以前所在的外企有 580 名员工，配有 7 名 HR 的编制。HR 总监负责统筹，和 CEO 及高管沟通；3 个 HR 经理分管招聘及员工关系、薪酬福利及绩效、培训与发展；每个经理有 1 名下属。这个人员配置可供民企的老板和 HR 参考，企业可根据自身的实际情况，来设置自己的人力资源部门编制和人员构成。

二、现代的、积极的员工关系管理包含的岗位职责

1. 劳动关系管理

（1）对公司相关政策的咨询与解答。

（2）办理新员工入职手续、入职关怀，签订劳动合同，建立和维护人事档案，信息管理。

（3）考勤、加班、休假等统计和统筹管理。

（4）员工转正，工作调动，工作异动，离职管理（做离职面谈、办理离职手续）。

（5）员工福利制度的执行，协助处置员工工伤，员工意外探望，员工家访，节假日慰问。

（6）处理和解决劳动纠纷，争议处理：协商、调解、仲裁。

2. 员工关系管理

（1）维护员工关系，做好团队建设活动计划与预算，组织、协调员工活动。

（2）员工沟通渠道建设，员工的内部沟通管理，员工申诉管理。

（3）员工的纪律管理、奖惩管理。

（4）员工压力管理，员工心理咨询服务，员工 EAP 心理援助。

三、任职资格要求——员工关系管理岗位的必备技能

从上述员工关系管理的岗位职责可以看出，这个岗位是人力资源部门所有岗位中，对人员的专业知识和综合技能要求最高的。

1. 教育背景

建议该岗位人员的教育背景专业是商科类的，比如人力资源管理、工商管理、行政管理、法学、应用心理学等。

2. 知识技能

熟悉国家、地方的法律和行政法规，对极重要的条款要到会背的程度。对公司的人力资源工作流程和制度，要基于劳动法的前提去设计。对常见的各种劳动纠纷案例都有了解，并能防患于未然。要熟练使用办公软件，具有较强的文字写作能力、沟通表达能力。具备扎实的人力资源管理理论知识体系和实操能力，有一定的心理学基础知识，具备企业管理知识体系。

3. 个性特征

积极、乐观、自信，具有乐群性、原则性，诚实正直的价值观，有责任心、亲和力。

4. 综合能力

有服务意识、全局意识、团队协作意识，工作有主动性、计划性、条理性，沟通表达能力、谈判能力、问题分析与解决能力、时间管理能力、计划组织协调能力等较强。

四、企业各级管理者的工作职责之一是做好本部门员工的关系管理

在企业员工关系管理系统中，职能部门负责人和人力资源部门处于连接企业和员工的中心环节。两者相互支持和配合，一方面协调企业利益和员工需求之间的矛盾，提高组织的活力和产出效率；另一方面通过

协调员工之间的关系，提高组织的凝聚力，从而保证企业目标的实现。因此，职能部门负责人和人力资源部门是员工关系管理的关键，是实施员工关系管理的首要责任人，他们的工作方式和效果，是企业员工关系管理水平和效果的直接体现。

具体的工作职责有：

（1）本部门员工的日常考勤管理、出差管理、加班管理、请假休假管理等。

（2）新员工进部门后的适应辅导，员工离职前的挽留面谈，配合HR组织本部门员工填写各项员工满意度、工作动力的调查问卷。

（3）组织本部门内的企业文化、团队建设活动，引导员工建立良好的工作关系，创建利于员工建立正式人际关系的环境。

（4）保证沟通渠道的畅通、有效，营造健康向上的部门氛围，预防、监测及处理谣言、怠工的现象，及时解决员工关心的问题。

（5）引导员工正向价值观，维护公司的良好形象，等等。

|HR 实践中员工关系管理的经验总结|

一、年度员工关系、团队建设活动计划与预算

在每年 12 月，HR 会做一份第二年的全年员工关系、团队活动的计划和预算表，列明每名员工在明年 1—12 月分别可以参加什么样的企业文化和团队建设活动。如人头花费是 2240 元，乘以公司的员工数，就能很清楚地看到全年公司用于团队活动的预算是多少钱。财务总监和 CEO 签批后，来年负责员工关系管理的 HR 就按此计划，每个月组织各种好玩又有意义的活动。

在新员工入职培训时，我们也会给全体新员工看这张计划表，让他

们一眼就能看到公司的团队活动多么丰富多彩。

二、高绩效团队的建设

第一步：HR 组织公司全体中高管进行头脑风暴，探讨到底如何打造一个高绩效的团队。

经过讨论，得到的高绩效团队的特征是：

- 明确的目标。（目标从哪里来？企业目标和个人目标如何统一？）
- 相互信任。（信任的基础是什么？如何建立？）
- 关心、帮助每个人。（从哪些方面着手才是最有效的？）
- 沟通良好。（如何才能有效地沟通？）
- 分工与协作。（在具体工作中如何操作？）
- 合理的激励。（没有足够的条件怎么办？）
- 合理、完善的制度。（制度目前不合理怎么办？）
- 融洽的团队气氛。（用什么方法培养良好的工作气氛？）

第二步：建立高绩效的组织。

如何建立高绩效的组织？我总结了以下几条供大家参考。每家公司因背景、文化不同，所以在实际操作时还要注意具体问题具体分析。

- 为正确的结果担负责任：每个人都致力于做最重要的事情（KPI），追求成效并遵守流程、规则。
- 获得成员的信任：我们所依靠的员工都感到被重视，并充满自信，同时每个员工都全力以赴。
- 创造成长和成就的机会：以业务需要为引导，每项工作和任务都有让员工发展能力的机会。

三、沟通管理——有效沟通是门艺术课

我刚入职外企时，老板就邀请外部的培训师给所有新员工上了一堂内训课——沟通技巧，管理层领导脱产上三天，普通员工脱产上两天。在公司待了一段时间后，我理解了老板的用心。全公司上下经过了专业的培训后，员工与员工之间、部门和部门之间沟通顺畅，大家都遵循统一的沟通文化和沟通技巧，工作效率极高。

沟通的价值就是在企业中营造出和谐的氛围。管理中 80% 以上的矛盾，都是由不沟通或沟通不畅引起的。所以，在企业内部和外部随时保持沟通，包括同事之间、上级之间、部门之间、对外公关等，对企业管理来说十分重要。

企业管理中的沟通管理的价值具体体现在：

- 利用沟通收集信息是确立正确管理决策的前提条件；
- 促进员工、部门、外部之间的协助，高效地开展工作；
- 利用沟通激励下属，建立良好的人际关系和组织氛围。

老板应该根据企业文化、行业特点、员工特点等，建立本公司的沟通文化和沟通原则，切忌故意制造老板的神秘感和领导的权威感。各级管理层要明白，沟通是你和下属相互理解、求同存异、减少隔阂、达成目标的最有效手段。

企业基本的沟通原则有：

（1）开放。

员工容易与上级进行沟通，畅所欲言。企业内部建设有很多沟通渠道，并向全体员工开放。比如外企的中高管大多没有专门的办公室，和员工一起办公；有办公室的经理房间，工作时间门完全是敞开的。

（2）鼓励和换位思考。

员工的沟通行为应受到正向鼓励，管理层要认识到与员工沟通的根本目的在于解决问题。即使员工发泄了不满，这也是一个疏通负面情绪的途径，管理层要积极面对和反馈。管理层要用宽容的心去理解，再用理性的经验、方法去帮助员工解决他的困难或困扰。

常用的沟通渠道有：

- 公司官网：公司新闻、行业新闻、公告通知、产品或服务信息等。
- 企业内刊。
- 办公室的宣传栏：公告通知、员工展示、团队活动、企业文化展示、员工分享。
- 即时通讯：企业内部的即时通讯平台。
- 合理化建议箱/意见箱：收集员工建议和意见，并及时进行反馈。
- 问卷调查："员工工作动力调查""企业文化建设满意度调查"等针对某一专题的调查。
- 员工小型座谈会：疏导员工负面情绪，引导正向思维。
- 绩效面谈：每年初、年中、年底，直接上级要和下属坐下来做一场一对一的绩效面谈。
- 日常工作面谈：对员工工作变动、工作规范性、劳动纪律等，随时随地进行指导。
- 高管开放日：每个月固定一天，公司管理层大门敞开，用专门时间接待员工。
- 定期例会：晨会、周会、月会、年会。

四、对"90后""95后"等年轻员工的管理

一个"95后"女孩对我说了一个她的故事："我第一天上班的时候

非常激动，我冲进门向所有人打招呼："大家好，我来了！"而我的经理却一脸茫然地看着我，过了好几秒钟才对我说："对不起，我忘了你今天入职……'

"他们安排我坐在会议室，一坐就是三个星期，我甚至要用自己的电脑。每次我去问，领导总是回答，再等等，公司还没准备好。很多老员工劝我，着什么急呀，反正公司给你发工资，浪费也是浪费公司的时间。但他们错了，这是我的时间，他们在浪费我的生命！"

管理好"90后""95后"的年轻员工，是每一个管理层领导的工作挑战。我从以下5个问答入手，分享一下我的实践经验。

- 如何帮助"95后"尽快成为合格员工？
- 如何让"95后"乐于接受你的管理？
- 如何让"95后"有效自我管理？
- 如何与"95后"建立深入的关系？
- 如何让"95后"保持工作激情？

回答上面问题的前提是企业的招聘工作做好了，没有看走眼，挑选出来的都是符合企业文化、愿意上进的"95后"。

1. 如何帮助"95后"尽快成为合格员工

"95后"员工融入企业的最大挑战是，如何在他们澎湃的激情与管理者现实的要求之间找到一种平衡。管理者该如何把"95后"员工的精力和热情引导到轨道上去，并帮助其尽快成为一名合格的员工。

方法一：比入职培训更重要的"工作首日管理"。

入职仪式的核心是"仪式感"，物色一位新一点的"老员工"，年龄层次和这批新员工相近。作为"导游"，第一天全程陪同，帮助他们克服陌生感。"95后"看似独立有个性，但真到一个陌生的公司场合，内心还是会产生恐慌的。我做 HR 经理时，每一批新员工入职第一天的午餐，我一定是和他们一起去吃的。

方法二：处理好"高期望值"。

管理者要做的，就是帮助"95后"员工将发散的目标聚焦于眼前的工作，引导他们用高涨的热情把手头的工作做好。采用的办法是职业生涯规划。

在外企，每一位新员工的上级都要给他做未来1~3年的职业生涯规划，根据他们的工作职责和未来职业发展目标，为每一个人制订一份独特的学习计划，列明他们需要学习的知识和技能，然后要求他们自己去寻找学习资源。接下来，就是鼓励和督促他们按计划执行，定期回顾学习成果，带领他们不断总结，了解他们在何时何地如何提升了自己的绩效。

方法三：把"职业化素养和职业化技能培训"做起来。

中国的大学教育缺乏两大类课程，一是职业生涯规划，二是职业化课程。大学生读了四年书，动手能力却极差，很多人连复印机和打印机都不会用。

企业需要给这批新员工进行全套的职业化素养、习惯、技能的培训，提高他们的职业化素养，增强他们的职业技能，进而提高企业的生产效率。

2.如何让"95后"乐于接受你的管理

转变管理理念，记住"权力＆权威"已经过时。互联网新时代下，组织管理发生了巨大变革，管理重心逐步从"事"转变为"人"。这一变化意味着，传统指挥式、命令式、控制式的管理已经无法适应现代企业运行的要求了。

"95后"会比"70后""80后"更愿意直接表达。管理者通常认为自己拥有合法命令下属的权力，而"95后"员工则需要先认可你拥有足够的威信，然后才愿意接受你的管理。否则，纵使你职位再高，也难以驯服他们。管理者在与"95后"员工接触的初期，建立"信任"要比树立"权威"更加重要。因为在新的关系模式中，"威严"不再是"权力"的产物，而是基于"信任"互动的结果。

让"95后"乐于接受你的管理，困难不在于用什么样的方法，而在于你内心的改变。"95后"希望管理者能够以更开阔的胸襟接纳他们的不同，以包容实现统一。

方法一：成为一名教练型的管理者。

面对"95后"，每一名管理者都需要从发令者转变为他们的教练，激发员工的潜能，帮助他们调整到最佳状态并创造成果。"教练"一词用于管理活动中，最早由国外传入，当"教练"用于企业的时候是"企业教练"，当"教练"用于管理风格的改善时，就有了"管理者要做教练型的领导者"之说。当管理者懂得运用教练技术帮助下属通过学习获得成长，从而提高绩效时，就能成为一名"教练型管理者"了。

想成为一名成功的教练型管理者，就要学会角色的转换，从原来为员工"提供方案"到现在帮助员工"自己主动找方案"。教练型管理者通过倾听与沟通，鼓励员工主动思考，最终找到解决方案。教练型管理者会主动对员工的表现给予评价和指导，甚至用适当的方法挑战员工的行为，帮助员工纠正错误。

教练型组织的最大好处，是让各级员工都能形成良好的共赢共成长关系，让员工感觉自己的日常工作得到尊重，有人欣赏，对工作感到兴奋，对上班充满期待。在此基础上，企业运营过程中各种问题的解决都能够得到及时有效的帮助和支持，最终为企业造就一个相互信任、充分坦诚、富有干劲的做事创业氛围。

方法二：规则明确。

很多时候，"95后"并不清楚在一个组织里，他们行为的边界应该在哪里。管理者要明确提出你的要求，即使是那些在你看来简单得不能再简单的常识。

外企每一个部门、每一个工作都有流程、规范。在入职培训和在职培训中，管理者一直在培训、教导"95后"，外企的人力资源体系建设也比较完备，如员工手册就对员工不能做哪些行为做了明确的规定；一份明细的岗位说明书，可以告诉"95后"，你现在是一名社会职场人，你的职位是什么，你的岗位职责是什么，你的任职资格是什么；一张KPI告诉"95后"，今年你最重要的工作考核指标是什么，达到什么样的标准，就代表你能完全胜任这份工作。越简单、清晰的规章制度、工作流程和考核指标，"95后"员工越喜欢，越愿意接受你的管理。

3. 如何让"95后"有效自我管理

方法一：用团队力量化解"自我"。

如果是"95后"特别多的劳动密集型企业，我的建议是像大学校园一样，组织很多社团，公司给予人力、物力、财力上的支持，鼓励他们"自制"。比如我以前工作的外企，就建了20多个兴趣社团。

方法二：比代替他们选择更明智的做法是，教会他们战略思考。

外企会给升职做了主管的年轻员工上内训课，如"问题的分析和解决""思维导图在工作中的运用""逻辑思维"等课程，教他们如何做正确的事、正确做事、把事情做正确，帮助他们提升自己。

方法三：帮助他们找到自己的节奏。

第一，帮助他们减少时间的浪费并把事做完整；

第二，教会他们按正确的优先次序做事；

第三，改善拖延问题，培养节奏感。

比如，外企会给员工培训"时间管理""目标管理"等课程。

4. 如何与"95后"建立深入的关系

"95后"大多活在网络世界里、活在自己的世界里，不会因为别人的眼光而影响自信，这大大降低了他们与人沟通和交往的意愿。由于生活圈子过于简单，他们应对复杂关系的经验也稍显不足。

方法一：以积极互动的方法进入"95后"的圈子。

了解他们平时对什么感兴趣，多互动、多交流。

方法二：加强沟通。

注意，不要长篇大论，不要有含蓄或模棱两可的表达，沟通时不要用居高临下、不满指责的语气。

方法三：帮助他们有步骤地融入组织。

利用非正式组织帮助他们建立归属感，多建立年轻人的项目小组，多组织由不同年龄段员工参加的团队活动。

5. 如何让"95后"保持工作激情

方法一：梦想管理，与金钱无关。

管理者需要将年轻员工的梦想与组织的梦想有机地联系起来，并形成统一的目标。管理者要创造出一种环境，促使年轻员工的内驱力得以充分发挥，持续释放，并在不断获得个人成就感的同时帮助组织实现目标。

方法二："参与"是最大的认可。

认可，是提升年轻员工短期绩效的最重要的动力之一。"参与"的方式有很多，比如：

第一，给他们一定的话语权；

第二，把他们组织到一起，进行一些专项讨论；

第三，为他们创造与高层沟通的机会；

第四，多为他们创造在组织内表现的机会。

方法三："弹性"奖励。

将"弹性"标准明确出来，给予不同的人以不同的权限，根本目的是建立一条畅通的管道，让员工在自我选择中实现自我激励。

五、员工情绪与压力管理

当今社会，沉重的工作压力正在让越来越多的人身心疲惫。工作中过度的压力会造成员工个人和所在企业蒙受巨大的损失，因此，企业管理者必须加大对工作中员工压力及其管理问题的关注力度。

联合国国际劳工组织发表的一份调查报告显示："心理压抑将成为21世纪最严重的健康问题之一。"

所谓压力，是指个体对某一没有足够能力应对的重要情景的情绪与生理的紧张反应。压力所表现出的常见症状或信号有：

• 生理方面：心悸和胸部疼痛、头痛、掌心冰冷或出汗、消化系统问题（如胃部不适或腹泻等）、恶心或呕吐、免疫力降低等。

• 情绪方面：易怒、急躁、忧虑、紧张、冷漠、焦虑不安、崩溃等。

• 行为方面：失眠、过度吸烟喝酒、拖延事情、迟到缺勤、停止娱乐、嗜吃或厌食、吃镇静药等。

• 精神方面：注意力难集中，表达能力、记忆力、判断力下降，持续性地对自己及周围环境持消极态度，优柔寡断等。

我个人压力最大的一次是刚入职的第一年，主要的原因是自身的能力和经验暂时无法适应当前的工作要求。一方面是人力资源专业知识欠缺，另一方面是工作语言是英语，让我无法胜任。除此之外，我在公司时都过得很开心。

我的销售部同事，只是到月底和年底才有销售业绩的压力，在其余工作日都没有感到太大的压力。

正因为外企有完善的人力资源管理系统，大家工作时有目标，每天都干劲十足，自然也就不会有那么大的压力了。有效的员工压力管理有利于减轻员工过重的心理压力，而保持适度的压力可使员工提高工作效率，进而提高整个组织的绩效。所以，做好员工的情绪管理非常重要，企业可以邀请专业的心理咨询师来做讲座，或者请专业的外训老师讲情绪和压力管理方面的课程。但这些只能算是辅助工作，真正重要的是做好系统的人力资源体系建设。

此处，分享一些我个人解压的方法。作为企业的 HR、老板，自己的情绪管理和压力管理首先要做好。

在我看来，解压最重要的是进行思维转换，聚焦在处理事情上，而不仅仅是在发泄不满情绪上。

第一步：认识自身的情绪——自我觉察。

正视自己的每一个感觉。每个感觉都有存在的必然性，无论是开心还是沮丧，先悦纳它。对外界要有敏锐的观察力，对自己的情绪带着好奇心进行分析：我为什么会这样？是此时正好身体不舒服，还是刚跟家人吵完架？……

第二步：妥善管理情绪——整理心情。

你需要先离开现场，然后思考一下，确定这件事中哪些因素是自己能影响的，哪些因素只是自己关心但不能影响的。

- 我的损失是……
- 事情的起因是……(谁)，对方的感觉是……
- 他要什么……
- 我的情绪是……
- 我要什么……
- 我继续这样做能得到我想要的结果吗……

第三步：灵活转化情绪——聚焦在处理事情上，而不仅仅是发泄不满情绪。

抛弃那些你关心但是影响不了的事情，把事情的焦点集中在你的影响圈里。当你想抱怨的时候，记得以下这样的抱怨方式会更妥当：

我希望你能改正你的行为，比如：这个项目由我负责，你没事先征得我的同意替我做了决定，我感到非常不高兴，而且不受尊重，我希望谁的事情谁负责，你要先征得我的同意再做。而不是冲对方大吼：你怎么这么讨厌，怎么这样对我！

能力不好不一定不会成功，但是情绪管理不好一定不会成功。当我们把情绪毫无保留地发泄在我们周边的人身上，那种和谐就被破坏掉了。我们应该怀着一颗感恩的心感谢那些"折磨"我们的人，因为经过他们对我们的"磨炼"，我们日后遇到什么样的难题都不会再害怕了。

最后，再给大家分享几个我自己的实用解压方法，希望能对你有所帮助。

•方法一：找一件马上就能看到成果的，有成就感的事情做。

成就感很重要，不要用玩手机转移注意力，烦躁、压力来自无能和不作为。找点手边的事马上去做，行动起来，完成点什么。就像我写书、备课碰到瓶颈时，就会换上运动服去健身房跳一节杠铃操，享受运动带给我的成就感。

•方法二：找一群价值观相同的好朋友去大吃一顿美食。

•方法三：一个人去看场大片。

•方法四：去美容院做一个舒服的身体 SPA。

•方法五：看一期不用动脑只需傻乐的综艺节目。

•方法六：做一件有点刺激的、你从没做过的事。

比如我去泰国考了潜水证，下潜到大海 28 米深的地方，除了有耳压外，哪来的压力。

•方法七：去异国他乡旅行，看风景。

•方法八：跟最爱的家人待在一起。

•方法九：把银行卡拿出来看看余额，发现距离提早退休的养老金还有巨大差额后，你就会默默收起你的矫情，该干吗干吗去了。

1. 彼得·德鲁克 . 管理的实践（珍藏版）[M]. 齐若兰 . 译 . 北京：机械工业出版社，2009.

2. 彼得·德鲁克 . 卓有成效的管理者（珍藏版）[M]. 许是祥 . 译 . 北京：机械工业出版社，2009.

3. 李志刚 . 创京东：刘强东亲述创业之路 [M]. 北京：中信出版社，2015.

4. 董克用 . 人力资源管理概论（第四版）[M]. 北京：中国人民大学出版社，2015.

5. 中国就业培训技术指导中心 . 企业人力资源管理师基础知识 [M]. 北京：中国劳动社会保障出版社，2014.

6. 加里·德斯勒 . 人力资源管理（第 12 版）[M]. 刘昕 . 译 . 北京：中国人民大学出版社，2012.

7. 杰克·韦尔奇，约翰·拜恩 . 杰克·韦尔奇自传（尊享版）[M] 曹彦博，孙立明，丁浩，译 . 北京：中信出版社，2017.